Heribert Prantl

Glanz und Elend der Grundrechte

DROEMER

Heribert Prantl

Glanz und Elend der Grundrechte

Zwölf Sterne für das Grundgesetz

DROEMER

Besuchen Sie uns im Internet:
www.droemer.de

FSC
www.fsc.org
MIX
Papier aus verantwortungsvollen Quellen
FSC® C083411

Umschlaggestaltung: ZERO Werbeagentur, München
Lektorat: Heike Gronemeier
Satz: Adobe InDesign im Verlag
Druck und Bindung: CPI books GmbH, Leck
ISBN 978-3-426-27650-1

2 4 5 3 1

Für Anna und Nina

Inhalt

Das Grundgesetz, ein Jubilar

Demokratie ist nicht irgendwann mal vom Himmel gefallen und dann für immer da. Demokratie muss man lernen, immer wieder. Demokratie beginnt in der Schule, sie ist ein Lebensprinzip. Es gibt gleichwohl Leute, die meinen, Demokratie sei nicht sehr viel mehr als eine Kiste: neunzig Zentimeter hoch und 35 Zentimeter breit. Oben hat die Demokratie einen Deckel mit Schlitz. Alle paar Jahre, in Deutschland immer an einem Sonntag, kommen dann viele Leute zu diesen Kisten. Die Kiste heißt »Urne«, also genauso wie das Gefäß, in dem die Asche von Verstorbenen aufbewahrt wird. Wahlurne – das ist eigentlich ein merkwürdiger Name, denn die Demokratie wird ja an diesen Wahltagen nicht verbrannt und beerdigt. Im Gegenteil: Sie wird geboren, immer wieder neu, alle paar Jahre.

Demokratie ist aber sehr viel mehr als nur eine Wahl.

Demokratie ist das erfolgreichste, beste und friedlichste Betriebssystem, das es für ein Land gibt. Es ist ein Betriebssystem, bei dem alle, die in diesem Land wohnen, etwas zu sagen haben: Jeder hat eine Stimme, keine ist mehr wert als die andere, alle sollen mitbestimmen, was zu geschehen hat.

Demokratie ist eine Gemeinschaft, die ihre Zukunft miteinander gestaltet – nach den Regeln, über die man miteinander bestimmt hat. Zukunft! Miteinander! Gestalten! Das ist Demokratie. Und sie findet an jedem Tag statt.

Demokratie ist das ständige Nachdenken und Mitreden darüber, wie das Miteinander, wie das Gestalten, wie Zukunft am besten geht. Das muss in jeder Gemeinde und in jedem Bundesland, das muss in Deutschland so sein – und das muss natürlich auch in Europa so sein. Es muss so sein, dass Europa die Grundrechte der Menschen nicht schwächt, sondern stärkt.

Ich wünsche mir, dass eine starke Demokratie und ein starker Rechtsstaat dabei herauskommen, wenn 28 Demokratien und Rechtsstaaten sich zusammentun in Europa. Derzeit kann man allerdings den gegenteiligen Eindruck haben – dass nämlich die Regeln nach Adam Riese nicht mehr gelten, wenn es um Europa geht, weil da bei der Addition von vielen Demokratien und Rechtsstaaten nicht mehr, sondern weniger Demokratie und weniger Rechtsstaat herauskommen.

Demokratie funktioniert nicht gut, wenn immer mehr Menschen nicht oder nicht mehr mitmachen, weil sie glauben, man habe ja eh keinen Einfluss und die Politiker machten ja ohnehin, was sie wollen.

Demokratie funktioniert nicht gut, wenn sich immer mehr Menschen ausklinken, weil sie arbeitslos sind und das Gefühl haben, aus dem Nest gefallen zu sein.

Demokratie funktioniert nicht gut, wenn Leute nicht mitreden dürfen, zum Beispiel deshalb, weil man sie noch nicht für alt genug hält; es sollte daher kein eiserner Grundsatz sein, dass man erst mit 18 Jahren zum Wählen gehen darf.

Und schließlich: Demokratie funktioniert nur dann gut, wenn die Politiker, die gewählt worden sind, im Gespräch bleiben mit denen, die sie gewählt haben.

Der Grundsatz »Zukunft gemeinsam gestalten« ist ein demokratisches Prinzip, das überall gilt, überall gelten muss: nicht nur im Parlament, sondern im Alltag jedes einzelnen Demokraten, ob in Schule, Büro oder Fabrik, ob in der Kommune oder in der Europäischen Union. So eine Demokratie ist anstrengend und erfrischend zugleich.

Basis der Demokratie in Deutschland ist das Grundgesetz. Es ist inzwischen 65 Jahre alt. Menschen in diesem Alter gehen in Pension oder sind es schon. Vom Grundgesetz wünsche ich mir das nicht.

Ich wünsche dem Grundgesetz nicht, dass es sich jetzt aus dem Arbeitsleben zurückzieht.

Ich wünsche den Grundrechten nicht, dass sie es sich nun bequem machen.

Ich wünsche unserer Verfassung nicht den Ruhestand, sondern neue Kraft und Stärke.

Ich wünsche mir Grundrechte, auf die sich die Bürgerinnen und Bürger verlassen können; dazu

Staatsgewalten, Gerichte, Parlamente und eine couragierte Gesellschaft, die diese Grundrechte verteidigen – gegen Entsolidarisierung, Ökonomisierungsexzesse und Datensammelwahnsinn; gegen Rassisten und Ausländerhasser; und auch gegen die Geheimdienste des NATO-Partners USA.

Ich wünsche mir Grundrechte, die auf dem Weg unserer Gesellschaft in die Internetwelt nicht bettelnd am Wegesrand stehen müssen. Ich wünsche mir Grundrechte, die die Gesellschaft auf diesem Weg begleiten und stärken.

Zwölf Sterne hat die blaue Flagge Europas. Ich wünsche dem Grundgesetz, dass ihm diese Sterne leuchten.

Ich wünsche mir Grundrechte, die im neuen Europa nicht welken, sondern neu erblühen.

Ich wünsche mir Grundrechte, die das bleiben, was sie waren, sind und sein müssen – verlässliche Begleiter der Menschen. Die Grundrechte des Grundgesetzes gehören zum Besten, was den Deutschen in ihrer langen Geschichte widerfahren ist. Ich wünsche mir, dass die Menschen das in zehn, zwanzig und dreißig Jahren auch noch stolz so sagen können.

Es wäre daher gut, wenn die Grundrechte die Kraft hätten, nicht nur die jungen und die mittelalten Menschen, sondern auch die ganz alten zu schützen. Früher hatten die Menschen Angst vor dem Sterben, heute haben sie Angst vor dem Altern. Jeder zweite 85-Jährige in Deutschland lebt allein, ist allein. Es geht um die, die ein Leben lang gerackert haben und es jetzt nicht mehr können. Viele sind gebrechlich, viele sind dement. Ein System, das nicht in der Lage ist, sich um die Alten gut zu kümmern, ist selbst dement. Es braucht also die Auferstehung von Nächstenliebe und wärmender Fürsorge. Es wäre wunderbar, wenn die Grundrechte zu dieser Auferstehung beitragen könnten.

»Kinder sind unsere Zukunft« – das hört man in der Politik jeden Tag. Aber das ist nur die halbe Wahrheit; zur ganzen gehört: Auch »die Alten sind unsere Zukunft«. Der Respekt vor den Kindern und der Respekt vor den Alten gehören zusammen; er ist das Band, welches das Leben umspannt. Alpha und Omega. Die Grundrechte sind ein Ausdruck dieses Respekts.

Ich wünsche mir, dass die Politik dieses 65 Jahre alte Grundgesetz ernst nimmt.

Ich wünsche mir, dass deutsche Panzer auf dem Weg in den Auslandseinsatz nicht am Grundgesetz vorbeirollen und dass die Kampfflugzeuge der Bundeswehr nicht über dieses Grundgesetz hinwegdonnern.

Ich wünsche mir, dass das Grundgesetz das Gesetz bleibt, das Grundlage ist für alles, was dieser Staat tut. Zu diesem Staat gehört auch die Bundeswehr.

In meiner verfassungspatriotischen Begeisterung übertreibe ich vielleicht ein wenig. Das alles wünsche nicht ich mir. Das alles wünsche ich dem Grundgesetz zum Jubiläum.

Der römische Dichter Ovid hat einmal gesagt: »Glücklich ist, wer das, was er liebt, auch wagt, mit Mut zu beschützen.«

Gönnen wir uns dieses Glück!

Teil 1

Von der Idiotenfibel zum Grundgesetz

Verfassungen, so hat einmal jemand süffisant gesagt, sollen so sein, dass sie die Verfassung der Bürger nicht ruinieren.

Das ist viel zu wenig. Verfassungen sind viel mehr.

Verfassungen sind so etwas wie Liebesbriefe an ein Land. Und sie sind so verschieden, wie Liebesbriefe es sein können. Es gibt Verfassungen, die wurden geschrieben im Rausch, da hört man noch die Glocken läuten und die Orgel brausen. So eine Verfassung war die erste deutsche Verfassung, die von den ersten deutschen Demokraten 1848 gegen die Truppen der Könige und Fürsten auf den Barrikaden erkämpft und dann im Namen des Volkes von der Nationalversammlung in der Frankfurter Paulskirche beschlossen wurde. Deshalb heißt sie auch die »Paulskirchenverfassung«.

Es gibt aber auch Verfassungen, die sind wie Liebeskummerbriefe, geschrieben in einer Mischung aus Hoffnung und Verzweiflung. So eine Verfassung ist das Grundgesetz aus dem Jahr 1949, entstanden nach dem Ende des Zweiten Weltkriegs, als Deutschland in Trümmern, in Schutt und Elend lag, als das Land zerteilt war und die vierzigjährige deutsche Spaltung begann; als Hunderttausende »Displaced Persons« durch das Land zogen und es ums nackte Überleben ging.

Am 8. Mai 1945 kehrte der junge Soldat Hans Schnitzler heim in den Trümmerhaufen, der von der

Stadt Köln übrig geblieben war. Die meisten Straßen waren nicht zu begehen. Schutt und Dreck türmten sich bis zu den ersten Stockwerken der ausgebrannten Häuser, über einigen Straßenzügen hing noch Qualm in großen dichten, schweren Schwaden. Aus manchen Geröllhalden waren schon grüne Hügel geworden, auf denen Bäumchen wuchsen.

Der Schriftsteller Heinrich Böll begleitete Hans Schnitzler auf seinem Weg in die Keller der zerbombten Häuser, in Elendsquartiere, Notspitäler und in zerstörte Kirchen; er folgte ihm bei seiner animalischen Jagd nach Brot, nach Kohlen, nach einem Mantel, einem trockenen Bett, nach Zigaretten und Liebe. Der Roman, den Böll daraus machte, ist sein erster und heißt »Der Engel schwieg«. Wir lesen, wie Schnitzler die Stelle wiederfindet, an der das Mietshaus stand, in dem er gewohnt hatte: »Vielleicht war es die Zahl der Schritte, die von der Straßenkreuzung noch zu gehen waren, oder irgendetwas an der Anordnung der Baumstümpfe, die einmal eine hohe und schöne Allee gebildet hatten; irgendetwas veranlasste ihn, plötzlich haltzumachen, nach links zu sehen, und da war es: Er erkannte den Rest des Treppenhauses, stieg über die Trümmer langsam dorthin; er war zu Hause.«

Zu Hause?

Viele Heimkehrer hatten das Gefühl, dass es keine Heimat auf dieser Welt mehr gibt. Zu Hause – das waren Gestank, Schwarzmarkt, Hunger, Diebstahl,

Faustrecht und Betrug. Das war in Köln so und in Hamburg, in Berlin, Hannover, Dresden, München und Kassel. Im Inneren der Menschen setzte sich die äußere Verwüstung fort; die Zukunft war ein bombentrichtergroßes Loch. Es gab Überlebende wie Hans Schnitzler, die, überwältigt vom Sterben ringsum, die Toten beneideten und es nur allmählich wagten, das Leben, ihr Leben, wieder anzunehmen. Und es gab die anderen, die mit dem abwaschbaren Gewissen, die politisch immer richtig liegen, Leute wie den Wehrmachtsoffizier Schnecker.

»Das Vermächtnis«, eine andere Erzählung Bölls, aus dem Jahr 1948, zeigt Schnecker als feigen Widerling und Mörder an der Front und als frisch promovierten Juristen auf den Pfaden des beginnenden Wirtschaftswunders. Schnecker ist eine der vielen Figuren Bölls, die das Prinzip Globke veranschaulichen: Hans Globke wurde Staatssekretär in Konrad Adenauers Kanzleramt; unter Hitler hatte er die Nürnberger NS-Rassengesetze kommentiert. Er war die Personifikation derer, die aus dem Nazireich und seiner Verbrechensgeschichte ausstiegen wie aus einer Straßenbahn und sich sogleich ans Aufräumen und Geldverdienen machten.

Auch Alfred Döblin hatte diese Leute im Auge, als er 1947 bei seiner »Schicksalsreise« nach Berlin irritiert feststellte: »Es wird viel einfacher sein, ihre Städte wieder aufzubauen, als sie dazu zu bringen, zu erfahren, was sie erfahren haben, und zu verstehen, wie es kam.« Adenauer akzeptierte, dass das so ist; Böll fand das unerträglich.

Der Systemwechsel nach 1945 funktionierte im Westen so: Die Nazirichter rissen sich das Hakenkreuz von der Robe und machten einfach weiter. Die Professoren tilgten die braunen Sätze aus ihren Büchern und blieben auf ihren Lehrstühlen oder kehrten alsbald auf diese zurück. Vergeblich forderte der Philosoph Karl Jaspers eine konsequente Entnazifizierung unter den Professoren. Die Beamten hängten Hitler von der Wand, gelobten einem neuen Dienstherrn die Treue und verwalteten weiter. Der Tag der Befreiung war ein Tag der Befreiung von den Äußerlichkeiten des alten Regimes; viele streiften einfach die alte braune Haut ab.

Die Spruchkammern zur Entnazifizierung – eine gutgemeinte Erfindung der Amerikaner – taten nicht sonderlich weh und stellten ihre Tätigkeit bald wieder ein. Die Täter erklärten sich zu Verführten, die Mitläufer stilisierten sich zu Opfern. Die Gesetze halfen ihnen dabei; nie wieder seitdem hat Resozialisierung so einvernehmlich und so umfassend funktioniert. Die Parteien in der alten Bundesrepublik konkurrierten um die »nach Millionen« zählenden »Verführten«, wie das Eugen Gerstenmaier, CDU-Abgeordneter und von 1954 bis 1969 Bundestagspräsident, im Jahr 1954 formulierte; er selbst hatte zur Widerstandsgruppe des Kreisauer Kreises gehört. Man sei nicht gewillt, so Gerstenmaier, beim »Neuaufbau des deutschen Vaterlandes« auf diese »Verführten« zu verzichten. Und als dieser Neuaufbau erreicht und das Wirtschaftswunder erschaffen war, attestierte der CSU-Chef Franz Josef Strauß dem Volk, »das diese wirtschaftlichen Leistungen erbracht hat«, ein Recht, »von Auschwitz nichts mehr hören zu wollen«.

Ein deutscher Liebeskummerbrief

In dieser Zeit also entstand das Grundgesetz. Es liest sich nicht wie ein Poesiealbum, da wird nicht herumgesülzt. Es ist so karg wie die Zeit, in der es formuliert wurde. Damals war niemandem nach Feiern und großen Worten zumute. Und in dem Satz, mit dem es, kurz wie eine SMS, beginnt, steckt noch das Entsetzen über die Nazibarbarei: »Die Würde des Menschen ist unantastbar.«

Das Grundgesetz ist ein Liebeskummerbrief; unter miserableren Voraussetzungen ist kaum je eine Verfassung geschrieben worden. Die dreiunddreißig Fachleute, die seinerzeit aus den zerbombten Städten der Westzonen zum Verfassungskonvent in der Idylle der Insel Herrenchiemsee zusammenkamen, haben sich an Martin Luther gehalten: Sie haben befürchtet, dass die Welt untergeht – und trotzdem das Bäumchen gepflanzt. Es war die erfolgreichste Pflanzaktion der deutschen Geschichte: Glaubensfreiheit, Gewissensfreiheit, Meinungsfreiheit, Pressefreiheit, Versammlungsfreiheit, Koalitionsfreiheit, Berufsfreiheit – »Freiheit« war das Zauberwort nach den Jahren der Unfreiheit; die Freiheiten waren Garantie und Verheißung zugleich.

Das Grundgesetz ist nicht bombastisch, es trumpft nicht auf, es ist leise; trotzdem hat es eine Kraft entwickelt, die ihm einst kein Mensch zugetraut hat. Ohne dieses Grundgesetz wäre das wiedervereinigte Land nicht, was es geworden ist: eine leidlich lebendige Demokratie, ein passabel funktionierender Rechtsstaat, ein sich mühender Sozialstaat. Das Grundgesetz kann nicht hinweggedacht werden, ohne dass der Erfolg der Bundesrepublik entfiele.

Das große Werk von Herrenchiemsee

Vom 10. bis zum 23. August 1948 tagte auf der Herreninsel im Chiemsee eine Gruppe von Politikern und Rechtsexperten. Sie sollte auf Bitten der Ministerpräsidenten der drei westdeutschen Besatzungszonen einen Entwurf für eine provisorische Verfassung erarbeiten.

Einer der 33 Herren von Herrenchiemsee führte

13 Tage lang ein Tagebuch. Jeden Abend nach getaner Verfassungsarbeit diktierte er seiner Frau Martha das »Chiemseer Tagebuch«. Über die Rede, die der bayerische CSU-Staatsminister Anton Pfeiffer zum Auftakt des Verfassungskonvents gehalten hatte, findet sich darin folgender süffisanter Eintrag: »Don Carlos Schmid bewegt sich währenddessen in seinen Massen wie Moby Dick, der gern Kapitän Ahab werden möchte. Er findet aber keine Gelegenheit zur Aktion, weshalb die öffentliche Sitzung mit einer bayerischen Solemnität zu Ende geht. Der Pfeiffersche Stil ist eine Mischung von naturwüchsiger, bajuwarischer Mentalität, einem politischen Barock und einer fleißigen, exakten, aber etwas trockenen bürokratischen Manier.« Pfeiffer hatte, als Organisator der Tagung, die von den Landesregierungen der Westzonen entsandten Fachleute eingestimmt: »Auf Ihre Schultern ist vor der Geschichte des deutschen Volkes eine überwältigende Verantwortung gelegt.«

»Don Carlos« – gemeint ist der Tübinger Staatsrechts-Professor Carlo Schmid – hätte diese Ansprache wohl noch schöner halten können als Pfeiffer. Schmid war der Fein- und Schöngeist der SPD, Justizminister in Württemberg-Hohenzollern, und er konnte mit gewaltiger Bildung und mit einer zeituntypischen Leibesfülle aufwarten. Er hatte Freude an der großen, zitatengetränkten Rede, und er hätte dem bayerischen Pfeiffer gern die Show gestohlen. Man geht nicht fehl, wenn man aus dem Spott in den Tagebuchzeilen über »Don Carlos« folgert, dass es sich beim Schreiber um einen Sozialdemokraten handelt.

Und um was für einen! Aber kaum jemand kennt ihn heute. Er war der einzige aktive Widerstandskämpfer, der am Konvent von Herrenchiemsee teilnahm. Er schätzte die Fachkompetenz des Genossen Carlo Schmid, aber er hielt ihn für zu »unpolitisch-literarisch«. Hätten die Deutschen einen französischen Sinn für Geschichte, dann stünde auf Herrenchiemsee ein Denkmal für Hermann Louis Brill: Sohn eines Schneidermeisters im thüringischen Gräfenroda, Volksschullehrer, Kriegsteilnehmer von 1914 bis 1918, Mitglied der USPD, seit 1922 der SPD, mit 28 Jahren Ministerialdirektor im thüringischen Innenministerium. Seiner Leitung unterstand die Landespolizei, als die Reichswehr 1923 Thüringen unter Ausnahmerecht stellte. Brill war entschiedener Gegner dieser Aktion und von da an ein vehementer Gegner jeglicher Notstandsgesetzgebung. Mit Verve widersprach er beim Verfassungskonvent den Versuchen, ein Notstandsrecht ins Grundgesetz zu schreiben – wie es später, 1968, doch noch kam.

Brills Vita ist eindrucksvoll. 1924, nach einem Regierungswechsel in Thüringen, ging er zurück an die Uni, studierte Jura, politische Philosophie und Soziologie, blieb dabei weiter Landtagsabgeordneter und vernahm am 14. März 1932 Adolf Hitler. Das kam so:

Im Januar 1930 hatte eine bürgerlich-nationalsozialistische Koalition die Regierungsgeschäfte in Thüringen übernommen; Innenminister Wilhelm Frick von der NSDAP hatte versucht, Hitler die deutsche Staatsbürgerschaft zu verschaffen – indem er ihn zum Gendarmeriekommissar von Hildburghausen ernannte. Nach dem Ausscheiden der Nazis aus der Regierung untersuchte ein Landtagsausschuss diesen Vorgang, Brill war der Vorsitzende. Er lud Hitler vor und erinnerte sich später: »Für mich war der 14. März 1932 einer der entscheidendsten Tage meines Lebens. Ich hatte Hitler gehört und gesehen, länger als 30 Minuten hatte er mir gegenübergestanden (…) Ich besaß ein aus eigener Anschauung geschöpftes, wohlbegründetes Urteil über ihn. Er erschien mir als hysterischer Brutalist, ungebildet, zynisch, durch und durch unwahrhaftig, arrogant, unbeherrscht, bereit, jeden anderen physisch oder moralisch niederzuschlagen. Am 14. März 1932 fasste ich den Entschluss, mich diesem Mann zu widersetzen, zu jeder Zeit, überall, unter allen Umständen und mit allen mir zur Verfügung stehenden Mitteln.«

Der jungen Bundesrepublik hätte es gutgetan, wenn Leute wie Brill mehr Einfluss auf die Nachkriegspolitik gehabt hätten. Aber er war krank, gezeichnet von den Jahren der Haft. Er starb 1959 mit 64 Jahren. Schon bei den Beratungen von Herrenchiemsee hatte er des Öfteren wegen schwerer Krämpfe mitten im Gespräch den Raum verlassen müssen. Brill war seit dem 14. März 1932 Widerstandskämpfer gegen Hitler gewesen, vom Volksgerichtshof 1938 wegen Hochverrats zu zwölf Jahren Zuchthaus verurteilt und von US-Truppen am 27. April 1945 schließlich aus dem KZ Buchenwald befreit worden. Die Amerikaner ernannten ihn zum ersten Regierungschef von Thüringen, alsbald wurde er von den Russen aus dem Amt geworfen, danach wurde er in Hessen zum Staatssekretär und zum Chef der Staatskanzlei ernannt. Schon 1947 plädierte Brill dafür, die Länder der westlichen Besatzungszonen zu einem Staat zusammenzufassen.

In seiner Funktion als hessischer Staatskanzleichef war er einer der 33 Verfassungsfacharbeiter von Herrenchiemsee und versuchte dort zusammen mit Carlo Schmid, zwischen der extrem föderalistischen Position Bayerns und den extrem zentralistischen Vorstellungen seines Parteichefs Kurt Schumacher zu lavieren. Die Föderalisten hatten aber die drei westlichen Militärgouverneure auf ihrer Seite, die am 1. Juli 1948 in den »Frankfurter Dokumenten« die Ministerpräsidenten aufgefordert hatten, eine Versammlung einzuberufen, die »eine demokratische Verfassung vorbereiten soll, welche für die beteiligten Länder eine Regierungsform des föderalistischen Typs schafft, die am besten geeignet ist, die gegenwärtig zerrissene deutsche Einheit wieder herzustellen«.

Man darf staunen darüber, welch ein Werk der Verfassungskonvent in jenen wenigen Tagen im August 1948 geschaffen hat: den kompletten Entwurf für das Grundgesetz, 95 Seiten, 149 Artikel, die teilweise alternativ formuliert waren. Später, in den Jahren 1991 und 1992 (Unabhängige Föderalismuskommission), in den Jahren 2003 und 2004 (Föderalismuskommission I) und in den Jahren 2007 bis 2009 (Föderalismuskommission II) scheiterte man in sehr viel längerer Zeit sowohl mit der Neugestaltung der Finanzbeziehung zwischen Bund und Ländern als auch, beispielsweise, mit der Reform des Bildungsföderalismus.

Der 13-Tage-Entwurf von 1948 war nicht etwa nur das Spielmaterial für die nachfolgenden neunmonatigen Arbeiten des Parlamentarischen Rats; er findet sich in weiten Teilen der Endfassung des Grundgesetzes wieder: die Stellung und Kompetenzen der Staatsorgane, die Grundzüge der Beziehungen von Bund und Ländern, die sehr beschränkten Aufgaben des Bundespräsidenten. Die Herren von Herrenchiemsee waren sich nach den schlechten Erfahrungen mit dem Notverordnungsrecht des Reichspräsidenten in der Weimarer Republik einig, dass der Präsident im Zusammenspiel der Verfassungsorgane keine wichtige Rolle mehr spielen solle. Zusammensetzung und Aufgaben des Bundesrats waren im Konventsentwurf schon dargelegt, es bestand Einigkeit über das Verbot der Todesstrafe, und es war das konstruktive Misstrauensvotum erfunden worden, um zu gewährleisten, dass eine alte Regierung nur gestürzt werden kann, wenn die neue eine Mehrheit hat. Den Gedanken, das Wehrwesen ins Grundgesetz zu schreiben, wies man entschieden zurück.

Zwar lag auch dem beherzten Herrenchiemsee-Konvent schon ein Gesetzentwurf vor, der »Bayerische Entwurf eines Grundgesetzes« in 94 Artikeln, ausgearbeitet von dem Staatsrechtsprofessor Hans Nawiasky. Der war 1933 seiner jüdischen Herkunft wegen von seinem Lehrstuhl an der Münchner Universität vertrieben worden und hatte, aus dem Schweizer Exil zurückgekommen, schon auf die Bayerische Verfassung von 1946 maßgeblich Einfluss genommen. Grundrechte waren aber in diesem bayerischen Grundgesetzentwurf nicht vorgesehen. Grundrechte hatte auch die SPD-Führung abgelehnt, weil sie alles ablehnte, was an eine echte Verfassung für einen echten Staat gemahnte; man wollte der deutschen Teilung nicht noch Vorschub leisten.

Hermann Louis Brill war da anderer Meinung (»Wie soll sonst ein Schutz gegen Willkür garantiert werden?«), Carlo Schmid auch, die maßgeblichen Fachleute dito: der Berliner (nicht stimmberechtigte) Abgesandte Otto Suhr etwa und der Christdemokrat Adolf Süsterhenn, Justiz- und Kultusminister in Rheinland-Pfalz und Vater der dortigen Landesverfassung. Süsterhenn hat als Verfechter eines christlichen Naturrechts erstmals die später sogenannte

Ewigkeitsgarantie verfochten, die jeden Eingriff in den Kerngehalt der Grundrechte verbietet. So kam die große Wende im Staatsverständnis, wie sie schon in den Landesverfassungen angelegt war, ins Grundgesetz: Der Staat ist für die Menschen da, nicht die Menschen für den Staat. Es wurden einklagbare Grundrechte formuliert – und das Bundesverfassungsgericht wurde als deren Wächter eingesetzt.

Jeden Tag um 17 Uhr rief der Herrenchiemseer Konventsvorsitzende Anton Pfeiffer die zwanzig bis dreißig Journalisten zur Pressekonferenz, die sich anschließend um die zwei vorhandenen Telefone stritten. Pfeiffers Auskünfte betrafen zumeist das, was ihn besonders interessierte: den Föderalismus. Pfeiffer war in der Runde der dreiunddreißig der »Föderalissimus«.

Was all die Spitzenleute von Herrenchiemsee einte, war ein gesundes Selbstbewusstsein. Es offenbart sich in einem Tagebucheintrag Brills gegen Ende des Konvents. Brill hatte sich mit Versammlungsleiter Pfeiffer über die Form unterhalten, die das Ergebnis der Verfassungsarbeiten bekommen sollte. Er machte seinen Vorschlag, und Pfeiffer antwortete laut Tagebuch: »Einverstanden. Sagen wir es doch offen: Wir machen für den Parlamentarischen Rat eine Idiotenfibel.«

Die »Idioten« arbeiteten dann vom 1. September 1948 an in Bonn recht ordentlich. Weil es in dem vom Krieg verwüsteten Deutschland nicht mehr viele große Versammlungssäle gab, trafen sich die Mütter und Väter des Grundgesetzes im Museum Koenig in Bonn, inmitten von präpariertem Getier aus aller Welt und Gerippen von ausgestorbenen Riesenvögeln und Sauriern. Die zwei Giraffen waren mit grünen Billardtischtüchern zugehängt worden; weil die aber für die langen Hälse nicht ausreichten, überschauten die Giraffen den Staatsakt wie exotische Paten. Zwischen Gorillas, Bären und Schimpansen wurden die Fahnen der deutschen Bundesländer aufgestellt, dann konnte es losgehen. Hier, in der Lichthalle vor der Säugetierabteilung des Museums Koenig, begannen am 1. September 1948 die Arbeiten am Grundgesetz. Man kann sich vorstellen, dass die Delegierten sich dort »ein wenig verloren« vorkamen, wie Carlo Schmid später in seinen Memoiren schrieb. Kein Staat der Welt dürfte wohl in einer so bizarren Umgebung geboren worden sein wie die Bundesrepublik Deutschland.

Das Saurier-Parlament

Niemals mehr gab es ein deutsches Parlament, in dem der Anteil an Widerstandskämpfern und Anti-Nazis so hoch war; dieses Parlament und die Lebensläufe seiner Parlamentarier sind noch immer zu wenig untersucht. Im Museum trafen sich ja nicht nur die wenigen heute noch bekannten Leute wie der CDU-Politiker Jakob Kaiser, der sich vom 20. Juli 1944 an, dem Tag des gescheiterten Hitler-Attentats, in einem Keller in Babelsberg versteckt hatte; oder der Sozialdemokrat Ernst Reuter, der nach Verhaftung und Konzentrationslager 1935 in die Türkei emigriert war; oder Theodor Heuss, der spätere Bundespräsident. Da gab es tapfere Kommunisten wie Max Reimann oder weltmännische Sozialdemokraten wie Rudolf Katz. Katz war bis 1933 jüdischer Anwalt in Altona, dann Berater von Chiang Kai-shek in China und Zeitungsredakteur in New York; als Justizminister von Schleswig-Holstein stellte er ab 1946 viele Alt-Nazis wieder ein, weil er glaubte, so ließe sich das Misstrauen der Deutschen gegen Emigranten wie ihn abbauen. 1951 wurde Rudolf Katz Vizepräsident des Bundesverfassungsgerichts.

Man war bescheiden, provisorisch, hatte viel guten Willen, aber auch große Gewissensqualen: Sollte man wirklich eine richtige Verfassung schreiben, mit allem Drum und Dran, mit Grundrechten, mit Regeln für Verwaltung und Regierung, für Gesetzgebung und Gerichte – wo doch Deutschland geteilt war? Man konnte nur für den Westteil des Landes wirken, nicht für den Ostteil; der war von den Russen besetzt, die hier ihre eigenen Vorstellungen hatten. Die Politiker des Parlamentarischen Rats hatten Angst, mit einer

Verfassung nur für die Westzonen die Teilung des Landes zu zementieren.

Die Abgeordneten gingen daher mit Vorsicht, Zurückhaltung und Skepsis zu Werke: Die Versammlung, die über eine Verfassung beschließen sollte, hieß nicht »Nationalversammlung«, sondern »Parlamentarischer Rat«, die Verfassung nannte man nicht »Verfassung«, sondern »Grundgesetz«, und man ließ, als das Werk fertig war, darüber nicht das Volk abstimmen, sondern nur die Landtage. Man wollte zwar ein ordentliches Grundgesetz schreiben, aber dabei nichts so machen, wie es sich für einen richtigen Staat gehört. Der deutsche Weststaat galt als Provisorium, demnach sollte auch das Grundgesetz nur ein Provisorium sein. Und so schrieb man es denn auch in die Präambel: Das deutsche Volk habe dem staatlichen Leben »für eine Übergangszeit eine neue Ordnung« gegeben.

Gleichwohl entwickelten die Mütter und Väter des Grundgesetzes bei ihren Arbeiten einen gewaltigen Anspruch: Sie wollten im Westen Deutschlands einen so attraktiven und so erfolgreichen Staat aufbauen, dass Ostdeutschland davon wie von einem Magneten angezogen würde. Der Kern dieses Magneten sollte das Grundgesetz sein; es musste also schon etwas mehr bieten als eine blanke Haus- oder eine Schulordnung.

Der Magnetismus funktionierte bekanntlich auch – die DDR trat 1990 dem Grundgesetz bei. Ein besseres

Beispiel für die Kraft einer Verfassung gibt es nicht. Nur dauerte das sehr viel länger, als man sich das 1948/49 vorgestellt hatte. Und es dauerte im Übrigen auch ziemlich lange, bis sich die Westdeutschen mit ihrem Grundgesetz angefreundet hatten: Erst nach etwa zwanzig Jahren merkten sie allmählich, welch gute Verfassung sie erhalten hatten und was für ein Schatz die Grundrechte waren. Erst als der Wohlstand wuchs, begann das Grundgesetz zu munden. In den großen Auseinandersetzungen der Bundesrepublik, im Streit um die Wiederbewaffnung, um Notstandsverfassung, Abrüstung und die Großtechnologie entdeckten die Deutschen – vor allem die der jüngeren Generation – die Grundrechte und ihren Wert. Und das Bundesverfassungsgericht polierte die Grundrechte zu ihrem heutigen Glanz – wobei der Glanz gerade der ersten Grundgesetzartikel, der Grundrechte, auch auf weniger Glänzendes abstrahlt.

Demokratie als Magenfrage

Die meisten Leute hatten damals, 1948/49, ganz andere Sorgen als die, wie man Deutschland neu organisiert; sie hatten genug damit zu tun, sich etwas zum Essen zu organisieren. Die USA, Großbritannien und Frankreich – die drei Mächte, die den Westen Deutschlands besetzt hatten – legten aber Wert darauf, dass sich die Deutschen eine neue Verfassung gaben, in der sie sich nach den NS-Verbrechen zur Demokratie und zu den Menschenrechten bekannten. Das Grundgesetz war also auch eine Art Klassenarbeit, die die Sieger des Zweiten Weltkriegs den westdeutschen Politikern aufgegeben hatten.

Bei einer Klassenarbeit tut man sich leichter, wenn man ein wenig abschreiben kann; so war es auch beim Grundgesetz: Die eine Verfassung, die als Vorlage diente, war die Weimarer Verfassung von 1919; die andere war die der revolutionären deutschen Demokraten aus dem Jahr 1849. Darüber hinaus hatten sich viele der von den Nazis verfolgten Politiker schon während des Krieges Gedanken darüber gemacht, wie das Land künftig regiert werden könnte. Von denen, die Hitler und das Nazireich überlebten, hatten nicht wenige ausführliche Notizen für eine neue Verfassung in der Tasche. Knapp zwei Wochen lang wurde diese 1948 im Konklave von Herrenchiemsee geformt, dann neun Monate lang im Parlamentarischen Rat geschliffen.

All das fand wenig öffentliches Echo. Die Beratungen weckten, so konstatierte die *SZ*-Journalistin Ursula von Kardorff seinerzeit, »beim durchschnittlichen Deutschen mehr Gähnen als Leidenschaft«. Die Speisenfolge der Parlamentarier beschäftigte die Phantasie mehr als alle Grundrechte zusammen. »Und wer die Wahrheit sagt, dass es nämlich nichts als einen guten Wein und ein paar Brötchen gegeben hat«, so ein *SZ*-Kommentator zum Auftakt der Arbeiten des Parlamentarischen Rats, »wird als Kollaborateur der Demokratie angesehen«. Ein halbes Jahr später wunderte er sich noch immer, »warum die Demokratie, auch nachdem sie im wesentlichen aufgehört hat, eine Magenfrage zu sein, bei uns im Lande gar so glanzlos und bestürzend unpopulär ist«.

Die Westdeutschen fügten sich in den neuen Staat wie in ein notwendiges Übel. Er galt als tristes Resultat der trüben Entwicklung der Weltpolitik seit 1945. Er kam, so befand das »Streiflicht« der *Süddeutschen Zeitung* damals, »als Krüppel zur Welt« – ohne die Beine der Souveränität. Der »Streiflicht«-Autor hoffte, dass der Krüppel »auf der Krücke des Grundgesetzes« zu gehen lernte. Doch die Bevölkerung konnte mit dieser Gehhilfe wenig anfangen. Als die *Süddeutsche Zeitung* am 25. Dezember 1948 die vorläufige Fassung des Grundgesetzes »dem Leser zur Meinungsäußerung« vorlegte, gab es kaum eine Reaktion. Das Grundgesetz und seine Grundrechte fielen in ein Vakuum des politischen Bewusstseins.

Die Öffentlichkeit zeigte wenig Interesse, sie half nicht mit. Bis Mitte Dezember 1948 waren spärliche 615 Eingaben beim Parlamentarischen Rat eingegangen. 378 Zuschriften waren von Einzelpersonen eingegangen, 215 von Verbänden und Organisationen; die allermeisten, 166 nämlich, beschäftigten sich mit den Bundesfarben und der Bundesflagge. Neun Schreiben und 27 Telegramme (die zweitmeisten Zuschriften) forderten die Beibehaltung des Reichsjagdgesetzes. Mit den Grundrechten allgemein befassten sich bis dahin lediglich 25 Zuschriften, außerdem 19 mit dem Elternrecht auf Erziehung der Kinder. Erst nachdem der Kölner Kardinal Frings in seiner Silvesterpredigt dazu aufgefordert hatte, kam es ab Anfang 1949 zu massenhaften Petitionen zum Elternrecht.

Die Gleichberechtigung – eine juristische Revolution

Der Kampf um die Gleichberechtigung ist von dieser Statistik nicht erfasst. Es war dies der große Kampf der sozialdemokratischen Rechtsanwältin Elisabeth Selbert aus Kassel, die zuerst ihre drei Kolleginnen im Parlamentarischen Rat anstachelte; zusammen überzeugten die vier dann ihre widerstrebenden 61 männlichen Kollegen von der zukunftsweisenden, damals fast abenteuerlichen Formulierung »Männer und Frauen sind gleichberechtigt«. Die drei Kolleginnen Selberts waren: die Sozialdemokratin Friederike Nadig; die Zentrumspolitikerin Helene Wessel, die in den fünfziger Jahren zu den bekanntesten Frauen im politischen Leben der Bundesrepublik gehörte, zusammen mit Gustav Heinemann später der SPD beitrat und erbitterte Gegnerin der Wiederbewaffnung wurde. Schließlich Helene Weber, die »Mutter der CDU-Fraktion«; sie war bis 1962, als sie 81-jährig starb, Mitglied des Bundestags und galt als Vertraute von Konrad Adenauer.

Die männlichen Räte hatten ursprünglich nicht vorgehabt, die geltende Rechtslage in diesem Punkt grundlegend zu ändern. Sie wurde in einem Lehrbuch des Familienrechts, das etwa zeitgleich mit dem Zusammentreten das Parlamentarischen Rats erschien, wie folgt beschrieben: Der Mann bestimmt »Art und Umfang des Lebensaufwandes, den Ablauf des häuslichen Lebens, die Erziehung der Kinder, Wohnort und Wohnung«. Der Mann hat »Herrschaftsbefugnis über das Frauenvermögen«, und er kann den Arbeitsplatz der Frau kündigen, »sofern die ehelichen Interessen beeinträchtigt sind«. Der Mann hatte das Entscheidungsrecht, die Frau die »Folgepflicht«. Die Kompetenz der Frau beschränkte sich auf ihre persönlichen Angelegenheiten.

Die erste Fassung des Gleichheitssatzes wollte es dabei belassen; sie sprach lediglich davon, dass Männer und Frauen »dieselben staatsbürgerlichen Rechte und Pflichten haben«. Das hatte aber so auch schon in der Weimarer Verfassung von 1919 gestanden, war also keine Neuerung.

Hätte es nicht unter den 65 Parlamentariern in Bonn die genannten vier Frauen gegeben, wäre es bei der altbackenen und dürren Formulierung geblieben. Diese vier Frauen haben die juristische Revolution ins Grundgesetz getragen. Als zum ersten Mal der Vorschlag der Rechtsanwältin Selbert zur Diskussion stand, entfuhr es dem FDP-Abgeordneten Thomas Dehler: »Dann ist das Bürgerliche Gesetzbuch verfassungswidrig.« Die Gleichberechtigung blieb denn auch in erster Lesung noch erfolglos: »Das bisherige Recht würde in sich zusammenfallen«, sagte der CDU-Abgeordnete Hermann von Mangoldt. Er hatte in gewisser Weise recht mit diesem Urteil. Als die Gleichberechtigung schließlich doch Grundrecht wurde, brachte es der Gesetzgeber nicht fertig, den Verfassungsauftrag einzuhalten; das Bundesverfassungsgericht musste das erzwingen. Das Gleichberechtigungsgesetz trat erst 1958 in Kraft.

Die am Ende einstimmige (!) Verabschiedung des Gleichheitssatzes im Parlamentarischen Rat war die Sternstunde der Elisabeth Selbert. Wie eine Wanderpredigerin war sie durchs Land gezogen, hatte Frauengruppen und Gewerkschaften, Betriebsrätinnen und die weiblichen Abgeordneten der Landesparlamente mobilisiert und Ende 1948 eine der wenigen öffentlichen Aktionen zur Grundrechtsdebatte organisiert. Die Frauen aller Landtage hatten sich beim Parlamentarischen Rat gemeldet, nur die aus Bayern nicht. »Waschkorbweise« sollen die Briefe in Bonn eingetroffen sein; sie sind leider nicht erhalten. Den parlamentarischen Räten hatte Elisabeth Selbert immer wieder ins Gewissen geredet: »Die Frau, die während der Kriegsjahre auf den Trümmern gestanden und den Mann an der Arbeitsstelle ersetzt hat, hat heute einen moralischen Anspruch darauf, so wie ein Mann bewertet zu werden.« Honoriert wurde der Kampf Selberts um die Gleichstellung der Frau in allen Lebens- und Rechtsgebieten nicht. Ein Sitz im Bundesverfassungsgericht wurde ihr nicht angetragen. Sie blieb die einzige weibliche Abgeordnete des Parlamentarischen Rats, die nicht in den Bundestag einzog.

»Der erste frohe Tag seit 1933«

Kurz vor Mitternacht ergriff Konrad Adenauer, Präsident des Parlamentarischen Rats und ehemaliger Kölner Oberbürgermeister, feierlich das Wort: »Es ist für uns Deutsche der erste frohe Tag seit dem Jahr 1933.«

Dieser frohe Tag war ein Sonntag, der 8. Mai 1949. Soeben hatte der Parlamentarische Rat das Grundgesetz angenommen. Das deutsche Volk aber war nicht interessiert; Erregung und Freude blieben im Saale stecken, strahlten nicht hinaus in die drei Länder der Westzone. Und auch als zweieinhalb Wochen später, am 23. Mai, das Verfassungswerk unterzeichnet wurde, waren nur die Unterzeichner gerührt. Die schamhaft verhüllte Staatlichkeit der Bundesrepublik stand im Schatten anderer Schlagzeilen. Die Öffentlichkeit war gefangen von den Nachwirkungen der Währungsreform und von der Dramatik der Berlin-Blockade; die Russen hatten die Stadt kurz vor Beginn der Arbeiten am Grundgesetz abgeriegelt; die Luftbrücke mit ihren »Rosinenbombern«, über die Berlin versorgt wurde, dauerte fast bis zur Unterzeichnung und Verkündung des Grundgesetzes am 23. Mai 1945 an.

Die beiden Kommunisten Max Reimann und Heinz Renner verweigerten im Parlamentarischen Rat ihre Unterschrift unter die 146 Artikel – so, wie zuvor, in den Morgenstunden des 20. Mai, auch die CSU und der von ihr dominierte Bayerische Landtag die Zustimmung zum Grundgesetz verweigert hatten. Renner bemerkte bitter: »Ich unterschreibe nicht die Spaltung Deutschlands.« In Bayern hatte der katholische Prälat und CSU-Abgeordnete Meixner anderes zu monieren; er klagte, »dass das Bonner Verfassungswerk trotz der Anrufung Gottes in der Präambel letztlich ein Werk des säkularisierten Geistes unseres Jahrhunderts ist«. Konrad Adenauer focht das nicht an; er sprach am 23. Mai 1949: »Heute wird die Bundesrepublik Deutschland in die Geschichte eintreten.« Dann standen alle auf und sangen ergriffen das alte Turnerlied: »Ich hab mich ergeben mit Herz und mit Hand, Dir, Land voll Lieb und Leben, mein deutsches Vaterland.« Die parlamentarischen Räte hatten Skrupel, auch nur die Melodie des Deutschlandliedes zu spielen; alles war ja, vermeintlich, nur Provisorium. Keine der Mütter, keiner der Väter des Grundgesetzes hat mehr erlebt, wie am 3. Oktober 1990, bei der Wiedervereinigung, aus ihrem »Provisorium« die gesamtdeutsche Verfassung wurde.

Herzrhythmusstörungen

Nur langsam gewannen die Grundrechte Glanz und Ausstrahlung. Unter kräftiger Anleitung des Verfassungsgerichts in Karlsruhe begannen die Deutschen mit steigendem Wohlstand ein Gefühl dafür zu entwickeln, was in den Verfassungswerkstätten von Herrenchiemsee und Bonn geschaffen worden war. In den bereits erwähnten großen Auseinandersetzungen der Bundesrepublik – etwa um die Notstandsverfassung, um Rüstung und Abrüstung – suchten und fanden Diskutanten und Demonstranten im Grundgesetz Argumentationshilfe und Unterstützung. Sie erlebten, dass die Grundrechte tatsächlich über dem einfachen Gesetzgeber standen. 1959, zum zehnjährigen Jubiläum des Grundgesetzes, waren die Zeitungskommentatoren noch zurückhaltend: »Kann man gratulieren?«, fragte die *Rheinische Post*, um die Frage nach 140 Zeilen dann doch zu bejahen. Und W.E. Süskind, der

Chefredakteur der *Süddeutschen Zeitung*, warb in seinem Leitartikel um mehr »Anhänglichkeit« für dieses Grundgesetz.

Weitere zehn Jahre später war diese Anhänglichkeit stark gewachsen – allerdings ernannten sich nun die Parteien jeweils selbst zum alleinigen »Hüter der Verfassung« und warfen dem politischen Gegner wechselweise die Verletzung des Grundgesetzes vor. Klar wurde dem Publikum gleichwohl oder gerade deswegen: In diesem Grundgesetz schlägt das Herz des Staates.

Es gab und gibt nach wie vor Herzrhythmusstörungen: Die Parteien haben sich mit der ihnen zugedachten Aufgabe, bei der politischen Willensbildung mitzuwirken, nicht begnügt und sich zur ziemlich dichten Kontrolle des Gemeinwesens aufgeschwungen. Was tun? Sind »plebiszitäre Elemente« ein Mittel, um Fehlentwicklungen zu korrigieren?

Die Mütter und Väter des Grundgesetzes misstrauten dem Volk, das einst Hitler gewählt hatte, sie hatten Angst vor seiner Verführbarkeit – offenbar wollten sie deshalb die Möglichkeiten des Volkes, seinen Willen zur Geltung zu bringen, auf die Wahl von Bundes- und Landtagen beschränken. Anlass zur Überlegung, ob dies ein Dauerzustand sein sollte, hatte man nicht – das Grundgesetz war schließlich als Provisorium konstruiert. Doch selten hat sich ein Provisorium als so dauerhaft erwiesen.

Teil 2

Kain und Abel

Dem heißen Krieg folgte der Kalte Krieg, an die Stelle von Vergangenheitsbewältigung trat im Westen der Antikommunismus; er war das einigende Band der Wirtschaftswundergesellschaft. Fast wahnhaft sah die Adenauer-Politik hinter jeder Kritik an ihr den Weltkommunismus am Werk. Also wurde ein späterer Bundespräsident von den bundesdeutschen Geheimdiensten überwacht und das Telefon seiner Anwaltskanzlei illegal abgehört. In dieser Zeit erlebte es Gustav Heinemann wiederholt, dass unter das Namensschild an seiner Tür Zettel geklebt wurden: »von Moskau bezahlt«. Es war dies die Zeit, in der Bundeskanzler Adenauer die Gegner der Wiederbewaffnung öffentlich als »Dummköpfe ersten Ranges« und als »Verräter« titulierte. Auch der Schriftsteller Heinrich Böll gehörte zu diesen angeblichen Dummköpfen und später – ebenfalls angeblich – zu den Sympathisanten der RAF. Die Politik war und ist immer wieder schnell fertig mit ihren Kritikern.

Die westdeutsche Justiz war Teilnehmer am Kalten Krieg. Sie hat mit Unverständnis, bisweilen auch mit Gnadenlosigkeit echte und angebliche Kommunisten, radikale Christen und Pazifisten verfolgt. Als das Bundesverfassungsgericht 1956 die Kommunistische Partei eher widerstrebend verbot, begann rückwirkend eine rigorose Verfolgung aller KPD-Mandatsträger, die ja bis dahin in vielen Parlamenten gesessen hatten. Widerstandskämpfer gegen die Nazidiktatur, dem KZ knapp entronnen, sahen sich plötzlich in der jungen Demokratie abermals vor dem Richter, oft war es ein alter Nazirichter. Ehemalige Opfer wurden wieder Opfer und Täter von einst erneut Täter. Diese Feststellung erinnert daran, dass für die vergangenen sechzig Jahre das Wort »Vergangenheitsbewältigung« nicht nur auf Wegweisern steht, die in den Osten zeigen.

Der rechte und der linke Schuh der Demokratie

»Wir werden oft sehr traurig sein« – diesen Satz sagt Hans Schnitzler in Bölls Roman »Der Engel schwieg« zu einer jungen Frau, die er in den Trümmern findet und die seine Gefährtin wird. Durch Bölls ganzes Werk zieht sich diese Traurigkeit, die sich manchmal zum heiligen Zorn steigert – über Adenauer, seine restaurative Politik, die Wiederbewaffnung; über die Springer-Presse und ihr Geifern gegen die Studentenbewegung der Achtundsechziger. Böll und viele andere Intellektuelle haben Gift und Galle gespuckt gegen Adenauer, der für sie Inbegriff einer miefigen, verlogenen und bigotten Nachkriegsgesellschaft war. Sie erkannten nicht, wie Adenauers Politik das Land auch stabilisierte und mit der Demokratie versöhnte, die den Bundesrepublikanern bis weit in die fünfziger Jahre hinein suspekt war. Die große Rentenreform 1957 beispielsweise, mit der die dynamische Rente eingeführt wurde, war weit mehr als ein geniales Wahlgeschenk des »Alten vom Rhein«; sie war ein Umverteilungsprojekt, geformt aus sozialkatholischem Geist, bezahlt vom neuen Wohlstand; sie war unglaublich populär und demokratiestabilisierend.

Adenauer und Böll: Sie waren Gegenspieler, und doch repräsentieren beide die frühe Bundesrepublik in komplementärer Weise. Sie waren wie der rechte und der linke Schuh der jungen Demokratie. Böll wurde 1917 in Köln geboren, dem Jahr, in dem Adenauer erstmals Kölner Oberbürgermeister wurde; Bölls erstes Buch wurde 1949 veröffentlicht, jenem Jahr, in dem der Bundestag Adenauer zum ersten Bundeskanzler wählte. 1975, acht Jahre nach Adenauers Tod, schrieb der bittere Böll einen wunderbar einlenkenden Satz: »Adenauer mag mehr Verdienste haben (...), als ich zu erkennen imstande bin, und möglicherweise hat er nur einen politisch gravierenden Fehler begangen: dass er zu lange regierte und mit greisenhafter Boshaftigkeit seine eigene Größe in lauter senile Kleinlichkeit auflöste.« Für Bölls Verhältnisse war das eine beinah glänzende Rehabilitierung des Alten – zu einer Zeit freilich, in der das Land die Adenauer-Ära schon hinter sich gelassen hatte. Der Westpolitik Adenauers war die Ostpolitik Willy Brandts gefolgt, und die

Achtundsechziger-Generation hatte ihren Eltern deren beredtes Schweigen zur Nazivergangenheit wütend vorgehalten. Brandt hatte den Friedensnobelpreis, Böll den Literaturnobelpreis erhalten. »Mehr Demokratie wagen« war zu einem neuen deutschen Motto und das Land aufgeklärter, rebellischer, auch schon ein wenig liberaler geworden.

Die deutsch-deutsche Geschichte war bis dahin wie eine neue Version der alten Geschichte von Kain und Abel. Die feindlichen Brüder belauerten einander, missgünstig und misstrauisch; jeder zeigte mit Abscheu auf den anderen; jeder traute dem anderen alles Böse zu; jeder schürte die Angst vor dem anderen, jeder sprach von der Wühlarbeit des anderen; und jeder war bedacht darauf, die Schuld an diesem furchtbaren Zustand allein dem anderen zuzuschieben.

Der eine hielt den anderen für verdorben vom Kommunismus, der andere den einen für vergiftet vom Wohlleben. Der eine sah entsetzt zu, wie der andere, der Kommunist, militärische Grenzanlagen installierte und die Unterdrückung von Grundfreiheiten organisierte, wie also wieder entstand, was Deutschland mit dem Jahr 1945 überwunden zu haben glaubte: Justizwillkür, Gesinnungszwang, Scheinwahlen. Der Kommunist wiederum stellte mit Empörung fest, wie es sich die alten Nazis beim Feindesbruder wieder wohl sein ließen. Jeder der feindlichen

Brüder hielt sich, wenn schon nicht für das einzige, so doch für das bessere Deutschland.

Kain und Abel bekämpften sich mit Propaganda und Spionen; Kain und Abel strengten sich ungeheuer an, um dem jeweils anderen zu schaden. Sie beschimpften sich gegenseitig als Büttel – als Büttel der sowjetischen Weltrevolution beziehungsweise des amerikanischen Imperialismus. Bei Kain wie bei Abel herrschte die feste Überzeugung, der jeweils andere plane das Schlimmste, vielleicht sogar einen Krieg. Und die westdeutschen Diplomaten lieferten sich einen Kleinkrieg mit den ostdeutschen Diplomaten um Wimpel, Diplomatenpässe und Einladungen.

Gemeinsam waren den beiden Brüdern die deutsche Sprache und die bittere Feindschaft; gemeinsam war ihnen auch, dass über ihre innere Verfassung und ihren außenpolitischen Standort nicht sie selbst, sondern die jeweiligen Besatzungsmächte nach 1945 bestimmt hatten. Der eine nannte daher das Gebiet des anderen »Protektorat«, der andere wiederum konterte mit dem Begriff »Satellitenstaat«. Im Protektorat gab es erheblich mehr politische Selbstbestimmung als im Satellitenstaat, es gab dort auch eine Wirtschaft und eine Währung erster Klasse; das steigerte das Selbstwertgefühl der Westdeutschen. Die Ostdeutschen aber waren selbst in ihren Urlaubsgebieten nur Bürger zweiter Klasse, weil sie nur mit einer Währung dritter Klasse bezahlen konnten. Und es entstand bei den Ostdeutschen das Gefühl, die im Westen hätten es sich im Wohlstand eingerichtet und sie, die Ostdeutschen, abgeschrieben.

Im Gefolge der Ostpolitik Willy Brandts von 1969 an versuchten Kain und Abel dann, irgendwie miteinander auszukommen. Koexistenz nannte man das. Aus der Todfeindschaft wurde bloße Gegnerschaft. »Früher hatten wir gar keine Beziehungen, jetzt haben wir wenigstens schlechte«, sagte damals Egon Bahr, der bundesrepublikanische Unterhändler. Aber es waren gerade die Zeiten der allerschlimmsten Feindschaft und des tiefsten Kalten Krieges gewesen, die hatten erkennen lassen, dass hier eine Nation mit sich selbst kämpfte. Kain und Abel: Jeder war der Frontmann seines Bündnissystems. Und Berlin war der Kampfplatz dieser Systeme. In Berlin hatte der Kampf begonnen, und in Berlin endete er auch. Er endete, weil man ein Volk nicht auf Dauer einsperren kann – auch nicht, wenn man vor keiner Gewaltanwendung zurückschreckt, um die Grenze unüberschreitbar zu machen.

Dreigeteilte Erinnerung

Die deutsche Variante der Kain-und-Abel-Geschichte endete glücklicherweise anders als die biblische – nicht mit Mord und Totschlag, sondern mit Jubel, Feuerwerk und Freundschaft. Es hat nicht, wie im

Alten Testament, Kain den Abel erschlagen im Zorn darüber, dass dessen Opfer dem Himmel besser gefiel. In Deutschland war es anders, vor allem friedlicher: Der eine der Brüder machte die Arme ganz weit auf, als der andere herbeilief. Und der Herbeilaufende, der über die Mauer Kletternde, ließ sich umarmen und herzen – und dann liebend erdrücken. So ging die Geschichte der feindlichen Brüder zu Ende.

In Deutschland gibt es seitdem drei Bewusstseinsgenerationen: Da sind erstens die Alten, die das alte, ungeteilte Deutschland noch kennen; für sie war und ist die Wiedervereinigung wirklich eine Wiedervereinigung. Da sind zweitens die Mittleren, die nichts anderes kennen als ein geteiltes Land; bei ihnen heißt die Wiedervereinigung »deutsche Einheit« oder »Beitritt«; vor allem bei dieser Generation ist viel »Westalgie« und viel »Ostalgie« zu spüren. Und da sind drittens die Jungen, die ins vereinigte Deutschland hineingeboren wurden und die sich wundern über das Denken ihrer Eltern und Großeltern in den Kategorien von Ost und West. Die deutsche Gesellschaft ist also, was ihre Erinnerung betrifft, dreigeteilt wie das Fürst-Pückler-Eis.

Wer aber war nun wer in dieser Kain-und-Abel-Geschichte? Wer ist wem zugelaufen? Ist Kain der Kommunist? Wer die Debatten über die DDR- und Stasi-Vergangenheit verfolgt, der könnte bisweilen wirklich glauben, es handele sich um die Suche nach Kainsmalen. Aber die Geschichte der deutschen Teilung ist nicht einfach nur die Geschichte zweier Regime, sie ist die Geschichte einer getrennten Nation, sie ist die Geschichte von Millionen Menschen in Ost und West, die sich zurechtfinden mussten und zurechtgefunden haben in den jeweiligen Verhältnissen und sich ihnen anpassten: Im Westen musste man auffallen, um voranzukommen, im Osten durfte man nicht auffallen, wenn man unbehelligt bleiben wollte. Im Westen musste man Ellbogen einsetzen, um zu reüssieren, im Osten musste man sich zu diesem Zweck verbiegen. Die Ostdeutschen hatten eindeutig das schlechtere Los gezogen, aber wundersame Fertigkeiten entwickelt, mit diesem Los fertigzuwerden. Es war aber dann so, dass nach dem Ende der Teilungsgeschichte diese Fertigkeiten nicht mehr gefragt waren. Der Westen hat sie mitsamt der Teilungsgeschichte eingemottet, weggeräumt und vergessen.

Vergessen sind die Passierscheinabkommen, die Verkehrsverträge, die Transitvereinbarungen, der Grundlagenvertrag, vergessen sind die Personen, welche die deutsch-deutschen Angelegenheiten verhandelt haben, jedenfalls jene, die das auf Seiten der DDR getan haben. Wer kennt heute noch den DDR-Diplomaten Michael Kohl? Mehr als 75 Mal sind Michael Kohl für die DDR und Egon Bahr für die BRD zusammengetroffen, um – es war in Willy Brandts

Kanzlerzeiten – über kleine deutsch-deutsche Erleichterungen zu reden. Vergessen. Die Geschichte der deutschen Teilung und Trennung ist so vergessen wie die DDR. Es gibt so etwas wie eine Damnatio memoriae, eine Verfluchung jeglichen Angedenkens. Die Abwicklung der alten DDR-Armee war und ist dafür ein Exempel. Egon Bahr beschreibt diese Abwicklung in seinem Buch »Zu meiner Zeit« wie folgt: Es wurde »übernommen, verschrottet, eingeschmolzen, abgewickelt, aufgelöst, übergeben. Insofern passierte der Nationalen Volksarmee nichts anderes als dem Land und seinen Menschen insgesamt, die mit großer Mehrheit so schnell wie möglich Bundesbürger werden wollten.« Am letzten Tag der DDR verweigerte die westdeutsche Seite der ostdeutschen den symbolischen Akt der Würde, die alte Flagge einzuholen und die neue zu hissen. Dabei war doch die alte DDR-Armee für das wiedervereinigte Land so dienlich und hilfreich: Mit dem Material der Nationalen Volksarmee wurde nämlich der Beitrag zur Abrüstung beglichen, zu dem sich Deutschland im Rahmen der Wiener Konferenz über die Abrüstung in Europa verpflichtet hatte.

Die deutsche Geschichte von Kain und Abel: Bekannt sind nur mehr ihr Anfang und ihr Ende – der Mauerbau und der Mauerfall. Die deutsche Kain-und-Abel-Geschichte ist seit zwanzig Jahren offiziell zu Ende. Gleichwohl rechnen Westdeutsche sich noch immer die Überlegenheit ihres Systems zu; und sie werten Ostdeutsche zusammen mit deren ehemaligem System ab. Der alte Streit von Kain und Abel – er wirkt immer noch nach.

Verfassungsreformen? Abgelehnt

Schwarz-Rot-Gold: Die deutschen Farben zeigen sich in schöner Abfolge in der Geschichte der Bundesrepublik. Auf das Schwarz der Adenauer-Zeit folgte das Brandt-und-Böll-Rot; darauf das Gold der Wiedervereinigung. Der schwarze, der rote und der goldene deutsche Streifen – sie werden zusammengehalten und verbunden vom Grundgesetz. Es war und ist wie ein Wunder: Dieses Grundgesetz war die Bauordnung der jungen Bundesrepublik, es wurde zur Hausordnung der deutschen Demokratie. Und seine Grundrechte wurden zu einem Schlager, den man im Alltag auf den Lippen hat. Das alles ist unfassbar viel mehr, als es sich damals, 1945, Hans Schnitzler auch nur erträumen konnte: Nein, wir müssen nicht mehr traurig sein. Oder doch?

Es war ein Rausch der Exekutive: Noch nie in der Weltgeschichte ist ein Staat per Vertrag so penibel aufgelöst worden. An einem Donnerstagabend hielten die Abgeordneten des Bundestags das 900-Seiten-

Werk erstmals in Händen, am Freitagmorgen haben sie es verabschiedet. Gemäkelt hat keiner. Über Wunder mäkelt man nicht. Noch nie in der Weltgeschichte hat es ein so gewaltiges Hilfsprogramm gegeben. Etliche Billionen Euro sind in den Osten geflossen. Und es ist, als seien die vierzig Jahre Teilungsgeschichte unter diesem Geldberg begraben. Sie entschwinden schon wieder dem Gedächtnis.

»Wo Grenzen sich öffnen, muss das Denken sich erweitern«, forderte 1991 das »Kuratorium für einen demokratisch verfassten Bund deutscher Länder« in der Frankfurter Paulskirche. Doch Hildegard Hamm-Brücher, die erfahrene Politikerin der FDP, die später aus ihrer Partei austrat, wusste gleich: »Die werden sich alle tot stellen im Parlament.« So kam es denn auch: »Gibt es nichts anderes zu tun?«, fragten die konservativen Skeptiker einer Verfassungsreform. Vom Anspruch des Artikels 5 des deutsch-deutschen Einigungsvertrags (»Vertrag zwischen der Bundesrepublik Deutschland und der Deutschen Demokratischen Republik über die Herstellung der Einheit Deutschlands« aus dem Jahr 1990), sich »mit den im Zusammenhang mit der deutschen Einheit aufgeworfenen Fragen zur Änderung oder Ergänzung des Grundgesetzes zu befassen«, blieb fast nichts übrig. Ein »Schutz der natürlichen Lebensgrundlagen« wurde nach viel Gewürge mit sehr verschraubten Formulierungen festgeschrieben. Die Förderung der Gleichberechtigung neu verankert. Und weiter? Anerkennung der nichtehelichen Lebensgemeinschaften? Tierschutz? Mehr Bürgerbeteiligung?

Schutz vor der datenverarbeitenden Bürokratie? Recht auf Wohnen, Recht auf Arbeit, soziale Grundrechte? Alles abgelehnt!

»Deutschland ist eine demokratische, auf die Arbeit gegründete Republik.« Was wäre, wenn man damals ins Grundgesetz einen solchen Satz geschrieben hätte? Die italienische Verfassung beginnt mit diesem Satz. Würden sich dann Bundesregierungen des Verfassungsbruchs schuldig machen, wenn sie wenig gegen die Massenarbeitslosigkeit unternehmen? Könnten dann Millionen Arbeitslose Verfassungsbeschwerde erheben gegen den Bundeskanzler oder die Bundeskanzlerin, weil die nicht genug gegen Langzeitarbeitslosigkeit tun? Schon der bloße Gedanke an soziale Staatszielbestimmungen erschien daher der Mehrheit in der Verfassungskommission als suspekt.

Die Verfassungsdiskussion und die Verfassungsreform nach der Wiedervereinigung leisteten keinen Beitrag zur Integration der ostdeutschen Bürger in den neuen gesamtdeutschen Staat. Das Grundgesetz blieb so, wie es vorher gewesen war; die gemeinsame Verfassungskommission von Bund und Ländern in den Jahren 1992/93 war kein Marktplatz für ostdeutsche Erfahrungen, kein Forum für gesellschaftliche Selbstverständigung – sondern ein Institut zur Beerdigung von Reformanträgen. Wer seine gute Laune begraben und sich seine Lust auf Politik vergällen lassen wollte, der tat dies in den Jahren 1992/93, immer am Donnerstag, rasch und erfolgreich an diesem Ort: Bonn, Fraktionssitzungssaal 12, Deutscher Bundestag, Eingang IV, wo die mit der Grundgesetzreform beauftragten Politiker arbeiteten. »Man arbeitet hier«, so sagte es damals der frühere SPD-Justizminister Jürgen Schmude, »wie unter einer steinernen Grabplatte«, immer mit dem Gefühl: »Gleich fällt sie herunter.«

Unter Denkmalschutz

An einem Donnerstagabend im April 1993 trug der Sekretär der Verfassungskommission einen Bericht über die »Eingaben« vor, die bisher bei ihm eingegangen waren – siebenhunderttausend waren es seinerzeit gewesen: 266 319 forderten plebiszitäre Elemente im Grundgesetz, 141 070 wollten den Tierschutz in der Verfassung verankert wissen, 83 820 Eingaben beschäftigten sich mit dem Schutz von Minderheiten, 75 165 forderten die Gleichstellung der nichtehelichen Lebensgemeinschaft mit der Ehe. Die meisten dieser Eingaben, es wurden noch achthunderttausend, viele waren aus dem Osten, blieben unbeantwortet. Das Sekretariat der Verfassungskommission hatte viel zu wenig Personal, und Helmut Kohl und die Unionsfraktion hatten keine Lust auf Verfassungsarbeit. »Wir tagen wie der Wiener Kongress«, befand Burkhard Hirsch von der FDP, »– es geht immer dahin und es passiert nichts.« So also war die Verfassungsreform nach der deutschen Einheit. Sie war die vollendete Abwiegelei. Das Ergebnis nach mehr als zweijährigen Beratungen und Prüfungen war eine fast unveränderte Neuauflage des Grundgesetzes. 1992/93 wurde das Grundgesetz also quasi unter Denkmalschutz gestellt.

Die Gestaltung und Finanzierung der Wiedervereinigung war der letzte große Sieg der Generation der Ärmelaufkrempler und Zupacker. Mit dem Wiederaufbau im Westen hatte ihre große Lebensleistung begonnen, mit dem Wiederaufbau im Osten ging sie zu Ende. Das Billionenprogramm Aufbau Ost war das Konzentrat der Erfahrungen der Aufbaugeneration West. Der Westen investierte, was das Zeug hielt, baute und finanzierte Kläranlagen und Spaßbäder und ging davon aus, dass diese Investitionen wie Trägerraketen die Demokratie in den Osten befördern würden. Für Nachdenklichkeit und Selbstbesinnung, für eine Diskussion über die Grundlagen des Staates und für eine Verfassungsreform hatte man angeblich keine Zeit.

Zehn Jahre später, als etliche der Denkmalschützer und Grundgesetzkonservierer von 1991/92 den Staat wirtschaftsfreundlich umbauen wollten, bedauerten etliche von ihnen die Schwierigkeiten, die sich aus dem Denkmalschutz ergaben. Das Grundgesetz sollte nämlich nun auf einmal schuld daran sein, dass nichts voranging, schuld daran, dass es zu durchgreifenden Reformen nicht kam, schuld an der Massenarbeitslosigkeit und daran, dass wirtschaftliche Flaute und Tristesse herrschten in Deutschland. An das große Lob, das diesem Grundgesetz noch 1999, zum fünfzigjährigen Jubiläum, gesungen worden war, wollten sich die Lamentatoren der ersten Jahre des neuen Jahrtausends nicht mehr erinnern. Für sie war das Grundgesetz nun der Sündenbock, der schuld war an der Missstimmung im Land: Erst waren es die Asylbewerber gewesen, »Asylmissbraucher«, dann sollten es ganz allgemein die »Sozialmissbraucher« sein; und schließlich sollte nicht mehr nur ein Grundrecht, sondern gleich das gesamte Grundgesetz die Schuld daran tragen, dass Reformen so mühselig vonstattengingen. Der Tempel Grundgesetz sollte daher abgerissen und an seiner Stelle ein glatter Neubau errichtet werden. Die große politische Diskussion über die Reform des Wirtschafts- und Sozialstaats mündete damals auf einmal in eine Verfassungsdiskussion. In ganzseitigen Zeitungsanzeigen, unklar, von wem finanziert, wurde für einen »Konvent« geworben.

Nach herkömmlichem Verfassungsverständnis ist ein Konvent dafür zuständig, eine neue Verfassung zu formulieren. Im letzten Artikel des Grundgesetzes, dem Artikel 146, heißt es dazu: »Dieses Grundgesetz (...) verliert seine Gültigkeit an dem Tage, an dem eine Verfassung in Kraft tritt, die von dem deutschen Volke in freier Entscheidung beschlossen worden ist.«

Das Nachrichtenmagazin *Der Spiegel*, der 2003 in einer alarmistisch-defätistischen Serie eine Art Abgesang aufs Grundgesetz veranstaltete, trug darin alle Beschwernisse der Republik zusammen – Gesetzesblockaden im Bundesrat, überquellende Macht der Parteien, degenerierter Föderalismus und so weiter –, um dies zu einer radikalen Forderung zu addieren: Das Grundgesetz tue es nicht mehr; darum müsse eine neue Verfassung her! Als Kronzeuge diente der Staatsrechtsprofessor und frühere Bundesverfassungsrichter Dieter Grimm, der mit vielerlei Verfassungspfusch abgerechnet hatte, als er sich 1999 aus seinem Amt verabschiedete. Doch Grimm verwahrte sich entschieden gegen die Ablösung des Grundgesetzes: Er plädierte vielmehr dafür, es vom späteren Pfusch am Bau zu befreien und es in dem Teil, wo es um die Staatsorganisation geht, wieder in seinen originalen Zustand zu versetzen.

Ursprünglich waren zum Beispiel die Aufgaben der

Länder und die Aufgaben des Bundes klar getrennt, die »Gemeinschaftsaufgaben« kamen erst später hinzu; und seitdem weiß man nicht mehr genau, wer eigentlich für was verantwortlich ist. Nicht das Grundgesetz, sondern seine Beschädiger sind Grimm zufolge schuld daran, dass in Deutschland eine Art Verantwortungsverschleierung betrieben werden kann. Föderalismuskommissionen mühten sich daher dann (2003/04 und 2007), freilich eher vergeblich, die Zuständigkeiten wieder zu justieren und zu präzisieren. Und die Bestrebungen aus Wirtschaftskreisen, aus dem Grundgesetz so eine Art Standortordnung zu machen, scheiterten. Die Maxime sollte lauten: Gut ist, was dem Standort nützt, schlecht, was Entscheidungsabläufe kompliziert macht und einer raschen »Anpassung an neue Verhältnisse« im Wege steht. Man träumte von einem neuen Grundrecht, dem Grundrecht auf ungestörte Investitionsausübung sozusagen. Glücklicherweise vergeblich. Eine solche Verschlimmbesserung hatte das Grundgesetz nicht nötig. Neue Kraft und Stärke, zum Beispiel durch plebiszitäre Elemente, hätte es dagegen schon brauchen können; und auch eine Besinnung der Verfassungsorgane, des Verfassungsschutzes zumal, darauf, was der Kern und der Grund der Verfassung ist, die sie schützen. Zu den deutschen Merkwürdigkeiten zählt ja diese: Die Verfassung hat einen Platz im Herzen der Menschen; vom Verfassungsschutz kann man das nicht sagen. Er wird nicht geliebt, nicht geschätzt, kaum geachtet, seine Arbeit wird mit Misstrauen beäugt. An der Verfassung kann es nicht liegen.

Alltäglicher Rassismus

Der Weg Deutschlands zum Grundgesetz führt durch Abgründe. Am Wegrand stehen Gestapo, Volksgerichtshof, Bergen-Belsen und Lidice. Am Wegrand stehen Zwangsarbeiter, Herrenmenschen und die Opfer des von Hitler provozierten Bombenkriegs. Am Wegrand stehen die 1,2 Millionen Ermordeten von Auschwitz. Am Wegrand steht die Weiße Rose. Am Wegrand lesen wir das letzte Wort des Angeklagten SS-Oberscharführers Wilhelm Boger aus dem Auschwitz-Prozess: »Ich habe nicht totgeschlagen, ich habe Befehle ausgeführt.« Das Grundgesetz beginnt deshalb mit dem Gedenken an Auschwitz, Dachau und Treblinka. Die Erinnerung daran steht als Mahnung in Artikel 1: »Die Würde des Menschen ist unantastbar.«

Der Staat findet also seine Rechtfertigung darin, dass er diese Würde achtet und schützt. Die Freiheits-Grundrechte des Grundgesetzes sind die rechtliche Antwort auf die Erniedrigung und Auslöschung der Individuen durch ein System planmäßiger Willkür. Sie bewahren die Erinnerung an ihre systematische

Beseitigung im sogenannten Dritten Reich. Diese Genese gilt es zu beachten, wenn darüber gestritten wird, wie mit den Neonazis in Deutschland umgegangen werden soll.

NSA. NSU. Nach dem Skandal, dem mörderischen Skandal, dessen Akronym so ähnlich klingt wie NSA, nach dem NSU-Skandal also sind Politik und Sicherheitsbehörden alsbald wieder zum Alltag übergegangen. Das Entsetzen über die Verbrechen des »Nationalsozialistischen Untergrunds« (NSU) hat sich rasch gelegt. Die Aufregung flaute ab, der Ruf nach Konsequenzen ist nur noch leise zu vernehmen. Der Bundesinnenminister hat ein paar Spitzenbeamte ausgewechselt, das war es dann. Manchmal hörte man makabre Nachrichten aus den Untersuchungsausschüssen über das Versagen der Sicherheitsbehörden; deren Vertreter redeten das dann schön. Manchmal gab es kleine öffentliche Aufwallungen, wenn bekannt wurde, dass einschlägige Akten vom Verfassungsschutz vernichtet wurden. Man las die Berichte vom Münchner Strafprozess. Und manchmal erinnerte man sich dann an die Erregung, die das ganze Gemeinwesen zur Zeit der RAF-Morde erfasste – und wunderte sich über die allgemeine Gelassenheit von heute.

Der alltägliche gewalttätige Rassismus in Deutschland ist auch nach der Aufdeckung der NSU-Morde kein großes Thema geworden. Die Bürger, die sich

Neonazis entgegenstellen, erhalten nach wie vor wenig Hilfe. Wenn Neonazis couragierten Leuten zur Einschüchterung das Auto demolieren, wird das von der Polizei wie eine ganz normale Sachbeschädigung behandelt. Die Morde der NSU haben keine neue Sensibilität der Behörden ausgelöst. Es gibt keine Anweisungen, gegen braune Gewalt mit aller Energie vorzugehen. Es gibt keine neuen Prioritäten in der Politik der inneren Sicherheit. Es gibt keine Indizien für neue Verve, neue Tatkraft, neue Courage im Kampf gegen den Rechtsextremismus. Man tut so, als seien die NSU-Morde das eine – und die alltäglichen Gewalttätigkeiten gegen Ausländer etwas ganz anderes. Diejenigen Politiker, die Neonazis engagiert entgegentreten, erleben merkwürdige Dinge. Gegen sächsische Abgeordnete, die an Protesten gegen einen Neonazi-Aufmarsch teilgenommen haben, ermittelte die Staatsanwaltschaft in Dresden wegen »Sprengung« einer genehmigten Versammlung. Das Parlament hat deswegen die Immunität dieser Abgeordneten aufgehoben.

Es ist unendlich verstörend: Jahrelang konnte eine rassistische Terrorbande durch Deutschland ziehen und Einwanderer exekutieren. Sie konnte Anschläge planen, Bomben bauen und werfen. Sie konnte all das auch deswegen tun, weil Polizei, Staatsschutz und Staatsanwaltschaft rassistische Motive überwiegend ausgeschlossen haben. Die Verbrechen wurden nicht als Terrorakte erkannt, es hieß, es handele sich um Einzeltaten, sie seien nicht zusammengehörig, angeblich nicht politisch motiviert.

Diese fatale Fehleinschätzung erinnert an weit zurückliegende Verbrechen. Mörderische Flammenzeichen gab es schon früher: Schon 1980, lange vor der deutschen Einheit, waren bei Anschlägen neonazistischer Gruppen 17 Menschen ums Leben gekommen. Im August 1980 starben in einem Hamburger Ausländerlager zwei vietnamesische Flüchtlinge nach einem rechtsextremistischen Attentat. Im September desselben Jahres folgte das Bombenattentat des Rechtsextremisten Gundolf Köhler auf dem Münchner Oktoberfest – 13 Tote, 200 Verletzte. Im Dezember 1981 wurden in Erlangen ein jüdischer Verleger und seine Lebensgefährtin umgebracht. Später brannten die Ausländerwohnheime.

Viele Ermittler dachten damals erstens »Kurzschluss«, zweitens »Zigarette« und drittens: »Die bringen sich ja gegenseitig um.« Es dauerte ziemlich lange, bis sich das änderte, bis es Verfolgungsdruck gab und ein Mord auch dann als Mord galt, wenn Flüchtlinge und Einwanderer die Opfer waren. Erst 1994, erst nach dem Brandanschlag von Hünxe, nach dem dreifachen Feuermord von Mölln und dem fünffachen von Solingen wurde eine unerträglich nachlässige Rechtsprechung korrigiert.

Ausländerfeindliche Verbrechen sind zu oft und

zu lange mit bagatellisierenden Vokabeln belegt worden – das waren »Vorkommnisse«, das war »Randale«. Vielleicht muss man das als trauriges Vorspiel sehen, wenn man fragt, wie es sein konnte, dass brauner Terror unentdeckt blieb – und auch noch weiter unentdeckt geblieben wäre, wenn zwei Täter sich nicht selbst umgebracht hätten. Die Mordserie, deren sie sich in einem Video brüsten, mag an RAF-Zeiten erinnern. Aber es ist dies eine falsche Erinnerung. Von der Existenz der RAF wusste jeder. Von der braunen »Zelle Zwickau« wusste keiner, ausgenommen vielleicht der thüringische Verfassungsschutz. Die RAF wurde mit einer gewaltigen staatlichen Anstrengung verfolgt. Von solch gewaltiger Anstrengung bei der Verfolgung des Rechtsterrorismus ist nichts bekannt.

Erinnerungsorte und Erinnerungslücken

Die Historiker Étienne François und Hagen Schulze haben ein beliebtes dreibändiges Werk herausgegeben, das »Deutschlands Erinnerungsorte« heißt. Man findet darin die Paulskirche und den Reichstag, die Wartburg und das Bauhaus, das Bürgerliche Gesetzbuch und den Volkswagen, den Schrebergarten, den Führerbunker und Neuschwanstein.

Rostock-Lichtenhagen findet man darin nicht. Rostock-Lichtenhagen ist ein Erinnerungsort besonderer Art, weil er nicht nur für Vergangenheit, sondern auch für Gegenwart steht. Der Ort erinnert an ein anhaltendes Versagen deutscher Politik. Rostock-Lichtenhagen steht erstens für die schwersten rassistischen Ausschreitungen der deutschen Nachkriegszeit – als im Jahr 1992 fünf Nächte lang Hunderte Neonazis vor einem Ausländerheim randalierten, ohne dass die Polizei eingriff; im Gegenteil, als das Haus angezündet wurde, zog die Polizei ab, unter dem Beifall der begeisterten Zuschauermenge. Rostock-Lichtenhagen steht daher zweitens auch für eine Politik des Wegschauens und Wegduckens, für eine Politik, die Fremdenfeindlichkeit und Ausländerhass nicht ernst nimmt. Rostock-Lichtenhagen war und ist drittens ein Exempel dafür, wohin es führt, wenn demokratische Parteien das Vokabular und die Themen der Rechtsextremisten übernehmen, um ihnen angeblich so das Wasser abzugraben.

Am 26. Mai 1993, neun Monate nach Rostock, wurde dann zum ersten Mal in der Geschichte der Bundesrepublik ein Grundrecht beseitigt: Das alte Asylgrundrecht wurde durch eine lange, komplizierte neue Vorschrift ersetzt – mit den Stimmen der CDU/CSU, mit den Stimmen der FDP und einer Stimmenmehrheit der SPD. Die Änderung wurde geschrieben im Schein der brennenden Häuser von Rostock und Mölln. Drei Tage nach der Grundgesetzänderung zündeten dann in Solingen junge Brandstifter das Wohnhaus der türkischen Familie Genç an. Zwei Frauen und drei Mädchen kamen ums Leben. Nach vielen solchen Gewalttaten ohne große staatliche und gesellschaftliche Gegenwehr begannen braune Kameradschaften, sich zu radikalisieren. Eine dieser braunen Gangs war der »Nationalsozialistische Untergrund« (NSU), die Dreierbande, die zehn Menschen ermordet hat.

Bundeskanzlerin Angela Merkel erklärte 2012 bei der Gedenkstunde für die NSU-Opfer in Berlin, »wie wichtig Sensibilität und ein waches Bewusstsein« dafür sind, »wann Abwertung beginnt«. Die meisten Politiker hatten diese Sensibilität und dieses Bewusstsein nicht; die Medien auch nicht. Und diejenigen, die es besaßen, hatten die Kraft nicht, etwas zu ändern und die öffentliche Stimmung zu wenden. fünfzehn Jahre lang, beginnend Mitte der achtziger Jahre, lebten die deutschen Wahlkämpfe von Themen wie der angeblichen »Überfremdung« des Landes. »Aus Worten können Taten werden«, klagte die Kanzlerin bei der Gedenkfeier für die Opfer der rechtsextremistischen Terroristen. Es war eine späte Klage.

Erst 2005 trat das Zuwanderungsgesetz in Kraft, das aus lauter Vorsicht nicht Einwanderungsgesetz heißen durfte. Es hätte eigentlich einen großen bunten Teppich weben sollen, auf dem Integration stattfinden kann. Es wurde nur ein Topflappen daraus. Aber damit wurden seitdem, immerhin, die Probleme angepackt. Es sind neue Zeiten angebrochen, begleitet von elenden Leitkulturdebatten und törichten Sarrazinismen. Die Gedenkfeier für die Opfer des »Nationalsozialistischen Untergrunds« war da eine Mahnung. Die Kanzlerin warb für Toleranz. Vielleicht ist ein anderes Wort noch besser: Respekt. Integration basiert auf dem Respekt der Alt- und der Neubürger voreinander und füreinander. Und dieser Respekt ist wichtig für die Zukunft Deutschlands. Dann werden die Grundrechte das Band sein, das die Alt- und die Neubürger verbindet.

Teil 3

Auf zitterndem Boden

Wer heute sagt, die Welt sei so gefährlich, der Terrorismus seit 9/11 so bedrohlich geworden, man müsse deshalb die Freiheiten des Grundgesetzes einschränken, man dürfe nicht jedes Gesetz am Maßstab der Menschenwürde messen – wer so etwas sagt, der muss sich vergegenwärtigen, in welcher Zeit, in welcher Drangsal und angesichts welch großer Gefahren das Grundgesetz entstanden ist. Verglichen damit, sind die Gefahren und Probleme, von denen wir heute reden, Kokolores.

Die Grundrechte sind nicht zuletzt deswegen so eindrucksvoll, weil sie auf zitterndem Boden geschrieben wurden und trotzdem so gar nichts Zittriges, gar nichts Zaghaftes haben.

Eineinhalb Millionen Flüchtlinge drängten sich allein im kleinen Schleswig-Holstein; aber über ein Grundrecht auf Asyl wurde nicht lange debattiert, es war selbstverständlich angesichts der bitteren Erfahrungen, die man selbst mit Verfolgung und Abweisung gemacht hatte.

Heute mauert Europa sich ein, aus dem »Raum des Rechts, der Sicherheit und der Freiheit«, wie die EU sich nennt, ist die »Festung Europa« geworden. Die Insel Lampedusa ist für zahllose Flüchtlinge eine Rettungsinsel im Mittelmeer. Viele erreichen die Insel aber nicht; und denjenigen, die es schaffen, hilft das nichts. Man schickt sie wieder weg. Man verfrachtet die meisten Flüchtlinge umgehend dorthin zurück, von wo sie hergekommen waren. Das Mittelmeer ist zu einem Massengrab geworden, auch wenn das Wort Politikern nicht gefällt. Tausende von Toten sind gezählt worden, stumme Zeugen einer verfehlten, menschenverachtenden Politik. Sie waren Bootsflüchtlinge auf dem Weg nach Europa; sie sind verdurstet auf dem Wasser, sie sind ertrunken auf hoher See oder kurz vor dem vermeintlich rettenden Eiland Lampedusa, sie sind erfroren in der Kälte der europäischen Flüchtlingspolitik.

Die gezählten und die ungezählten, die identifizierten und die namenlosen Toten sind auch an ihrer Hoffnung gestorben. Diese Hoffnung bestand darin, die Not hinter sich zu lassen und in Europa Freiheit und ein besseres Leben zu finden. Aber in der europäischen Flüchtlingspolitik hat die Abwehr von Menschen Vorrang vor der Rettung von Menschen. Diese Politik behandelt den Flüchtlingstod auf dem Meer wie ein Schicksal, das man nicht ändern kann, nicht ändern will und nicht ändern darf – weil viele Politiker fürchten, dass Hilfe noch mehr Flüchtlinge anlocken könnte. Hilfe gilt als Fluchtanreiz. Deshalb laufen keine Hilfsschiffe der Marine aus, um Flüchtlinge zu retten; deshalb gibt es keine europäischen Hilfs- und Aufnahmeprogramme. Der Tod der Flüchtlinge wird so zum Teil einer Abschreckungsstrategie.

Krokodilsreden und Krokodilstränen

Die gezielte Abschiebung und Abschreckung der Flüchtlinge, die heute im Mittelmeer Alltag ist, hat früh begonnen: Im August 1991 waren in Süditalien Bootsflüchtlinge aus Albanien gelandet. In den Straßen von Bari waren sie von Soldaten gejagt und im örtlichen Sportstadion eingesperrt worden. Es hatte kein Entkommen gegeben, keine Zuflucht, kaum Wasser und Brot, auch nicht für Frauen und Kinder. Italien war in Panik. Der Staat reagierte, als wären die Flüchtlinge aus dem Nachbarland Verbrecher, forderte gar eine europäische Mobilmachung. Militärische Einheiten sollten in der Adria patrouillieren, um Flüchtlinge schon auf dem Wasser abzufangen. Damals hielt man das für eine hysterische Überreaktion, einen Einzelfall. Inzwischen ist daraus eine EU-Strategie geworden. Die Tränen, die angesichts des Massensterbens vor Lampedusa von EU-Politikern zerdrückt wurden und werden, waren und sind Krokodilstränen. Und die Reden dieser Politiker waren und sind Krokodilsreden. Europas Flüchtlingspolitik gründet auf dem Satz vom »vollen Boot«. Das Boot sei voll. Der Wohlstand soll in Europa drinnen, die Armut draußen bleiben.

Aber was hat Deutschland damit zu tun?

Sehr viel: Am 14. Mai 1996 haben die Richter des Bundesverfassungsgerichts in Karlsruhe einen historischen Fehler gemacht. Sie haben das alte deutsche Grundrecht auf Asyl sterben lassen. An diesem schwarzen Tag haben sich die Richter auf das Versprechen der Politik verlassen, dass es bald ein stabiles EU-Asylrecht geben werde. Damals rügte der Verfassungsrichter Bertold Sommer vergeblich, das neue Asylrecht sei wie ein Haus ohne Dach. Das Dach fehlt bis heute. Die höchsten Richter haben 1996, gedrängt von der Politik und der öffentlichen Meinung, dem kümmerlichen neuen Asylrecht den Segen erteilt. Seitdem ist das Grundrecht auf Asyl nur noch nominell ein Grundrecht; in Wahrheit ist es kaum mehr als eine Attrappe, ein Grundrechtlein. Und dieses Grundrechtlein wurde zum Vorbild für Europa, zum Vorbild für ein Asylkonzept, das ein Abwehrkonzept ist.

Damals, in den unsicheren Nachkriegsjahren, hat man die Grundrechte ernster genommen. Damals wusste man, wie überlebenswichtig ein Recht auf Asyl ist. Es saßen viele politisch Verfolgte des NS-Regimes in den Gremien, die das Grundgesetz vorbereiteten. Nie mehr später in einem deutschen Parlament war ihr Anteil so hoch. Sie wussten, welchen Rang das Asylrecht hat und haben muss. Und sie ließen sich nicht kirre machen und agierten mit Augenmaß. In der Nachkriegszeit war die Mordrate stark gestiegen; die Abschaffung der Todesstrafe wurde trotzdem ins Grundgesetz geschrieben. Die Gefahr eines neuen

Krieges, die Gefahr von Spionageakten und Anschlägen war mit Händen zu greifen; doch über das Verbot der Folter wurde keine Sekunde gestritten. Man wusste, was passiert, wenn Demütigung zum Instrument staatlichen Handelns wird.

In unsicherster Zeit also wurden Grundrechte geschaffen. Später, im sichersten Deutschland, das es je gab, wurden sie revidiert: erst das Grundrecht auf Asyl, weil das »Boot« angeblich voll war; dann das Grundrecht auf Unverletzlichkeit der Wohnung, weil man angeblich sonst der organisierten Kriminalität nicht Herr werden konnte; heute ist es der islamistische Terror, dessen Bekämpfung die Grundrechte vermeintlich im Wege stehen. Die Kirschen der Freiheit werden madig gemacht.

Seit einiger Zeit mehren sich unter deutschen Juristen sogar Stimmen, die für eine Relativierung des absoluten Folterverbots plädieren, also die Menschenwürde in besonderen Ausnahmesituationen antastbar machen wollen – dann etwa, wenn durch die Folterung eines mutmaßlichen Terroristen womöglich eine bevorstehende Bombenexplosion verhindert und Menschenleben gerettet werden könnten. Wer die Menschenwürde als absolut verteidige, so schreibt der Rechtsprofessor Matthias Herdegen in der Neuauflage des Grundgesetzkommentars Maunz/Dürig, sei »in der menschlichen Sehnsucht nach einfachen Gewissheiten« befangen. Solche Lehrsätze sind Pfeile ins Herz des Artikels 1. Nicht umsonst steht der Schutz der Menschenwürde am Beginn der Verfassung.

Karlsruher Verdienste

Die Grundrechte des Grundgesetzes sind nicht von allein so stark geworden. Sie hatten kluge, nachhaltige juristische Hilfe. Das höchste deutsche Gericht, das Bundesverfassungsgericht in Karlsruhe, hat die Grundrechte stark gemacht (auch wenn das Gericht dabei nicht immer so mutig und stark war, wie man es sich gewünscht hätte). Ohne dieses Gericht wäre die Bundesrepublik eine andere Republik. Sie wäre eine Republik, in der das Recht weniger Bedeutung und die Grundrechte weniger Glanz hätten. Deutschland wäre ein Land mit niedrigerer Rechtsqualität. Die Bundesrepublik wäre eine Republik, in der die Parteien noch mehr Macht, die Bürgerinnen und Bürger dagegen weniger Freiheit und die Minderheiten weniger Rechte hätten. Vor allem den Minderheiten ginge es schlechter: den Strafgefangenen, den Pazifisten, den Homo- und Transsexuellen, den nichtehelichen Kindern, den Armen dieser Gesellschaft.

Viele deutsche Landesverfassungen sind viel farbiger und kraftvoller formuliert als das Grundgesetz. Die Bayerische Verfassung vom 2. Dezember 1946 verdient ganz besondere Beachtung: Sie ist sprachgewaltig, anrührend, pathetisch und grundrechtsmächtig, sie ist zärtlich und stolz, edel und derb. Sie ist wie ein Bauerngarten, sie macht Freude. Sie ist das verständlichste und leutseligste deutschsprachige Gesetz seit dem Preußischen Allgemeinen Landrecht aus dem Jahr 1794. Der Verfassungsraum dieser Bayerischen Verfassung ist groß und weit, viel weiter als der des Grundgesetzes, weil ihre Grundrechte, Staatsziele und Programmsätze ausführlicher und konkreter sind; sie sind anschaulich und lebensnah, reichen also über das Grundgesetz hinaus. Aber: Es gab und gibt für diese Verfassung kein Gericht, das sie so machtvoll in ihr Recht gesetzt hätte, wie es das Bundesverfassungsgericht mit dem Grundgesetz und den Grundrechten getan hat.

Vater der Bayerischen Verfassung ist Wilhelm Hoegner. Er war in den Jahrzehnten der bayerischen Nachkriegsgeschichte der bisher einzige Sozialdemokrat, der Bayern regiert hat, 1945/46 und noch einmal von 1954 bis 1957. Hoegner war das siebte von dreizehn Kindern eines kleinen Eisenbahnarbeiters, der sich zum Stationsvorsteher hochgearbeitet hatte. 1907, als Abiturient und Klassenbester, ersuchte Wilhelm um Aufnahme in die SPD, um »das Los des Proletariats zu bessern und für das wirkliche Wohl der leidenden Menschheit einzutreten«, wie er schrieb. Als Schüler im Königlichen Seminar in Burghausen hatte er die hochmütige Herablassung und den Hohn reicher, jedoch weit weniger begabter Mitschüler erfahren müssen. Das hat ihn zur Sozialdemokratie geführt.

Hoegner war später Honorarprofessor für Verfassungsrecht an der Ludwig-Maximilians-Universität, ein Gefühlssozialist, einer, der nicht nur die Bayerische Verfassung, sondern auch einen Roman und viele Gedichte geschrieben hat.

Die Bayerische Verfassung, auch »Hoegner-Verfassung« genannt, ist nahrhaft, und zwar nicht nur dort, wo sie (in Artikel 141 Absatz 3) jedermann »die Aneignung wildwachsender Waldfrüchte im ortsüblichen Umfang« gestattet. Wer diese Verfassung – zumal ihren zweiten Hauptteil (»Grundrechte und Grundpflichten«) – liest, der merkt: Sie gibt den Bürgern Brot, wo das Grundgesetz erst einmal nur Steine hat. Aber, wie gesagt: Man hat das Brot leider alt werden lassen. Es gab und gibt zwar den Bayerischen Verfassungsgerichtshof, aber der hat nie eine Bedeutung erlangt, die mit der des Bundesverfassungsgerichts vergleichbar wäre.

Die Bayerische Verfassung ist in gewisser Weise prophetisch. Manche Sätze klingen wie eine vorweggenommene Antwort auf die Verunsicherung der

Menschen durch Massenarbeitslosigkeit und Globalisierung: »Die gesamte wirtschaftliche Tätigkeit dient dem Gemeinwohl« heißt es in Artikel 151 und »die wirtschaftliche Freiheit des Einzelnen findet ihre Grenze in der Rücksicht auf den Nächsten und auf die sittlichen Forderungen des Gemeinwohls«. Dass 1946 bei den Arbeiten an der Bayerischen Verfassung zwischen SPD und CSU eine Verständigung über Wirtschaftsfragen möglich war, lag in der allgemeinen Ansicht begründet, dass eine exzessiv liberalistische Wirtschaftsordnung und deren negative Folgen, zum Beispiel die Massenarbeitslosigkeit, zum Aufkommen des Nationalsozialismus geführt hätten. Diese verheerende Hypothek machte es notwendig, das staatliche Leben nicht nur auf eine freiheitliche und demokratische, sondern auf eine sehr soziale Basis zu stellen. Daher also die Mahnung des Artikels 157 der Bayerischen Verfassung: »Kapitalbildung ist nicht Selbstzweck, sondern Mittel zur Entfaltung der Volkswirtschaft.« Daher die Ankündigung des Artikels 168 Absatz 2: »Arbeitsloses Einkommen arbeitsfähiger Personen wird nach Maßgabe der Gesetze mit Sondersteuern belegt.« Daher der Artikel 161 Absatz 2, der auch eine Anregung für aktuelle Steuerdiskussionen gibt: »Steigerungen des Bodenwertes, die ohne besonderen Arbeits- oder Kapitalaufwand des Eigentümers entstehen, sind für die Allgemeinheit nutzbar zu machen.«

In Reden zu diversen Jubiläen der Verfassung kann man lesen, diese Bestimmungen seien durch die »soziale Marktwirtschaft« überholt. Könnte es nicht so sein, dass diese Sätze die soziale Marktwirtschaft beschreiben? Das Grundgesetz ist da, was die Wirtschafts- und Sozialordnung betrifft, viel zurückhaltender: »Eigentum verpflichtet. Sein Gebrauch soll zugleich dem Wohle der Allgemeinheit dienen«, heißt es in Artikel 14 Absatz 2.

Was hätte das Bundesverfassungsgericht aus diesen großen Sätzen der Bayerischen Verfassung gemacht?

Es hätte vielleicht schneller und leichter ein »Grundrecht auf Gewährleistung eines menschenwürdigen Existenzminimums« entwickelt, wie es das 2010 mit dem sogenannten Hartz-IV-Urteil getan hat. Dieses Grundrecht ergibt sich, so das Bundesverfassungsgericht, aus der Garantie der Menschenwürde in Artikel 1 des Grundgesetzes in Verbindung mit der Sozialstaatsgarantie in Artikel 20: »Es sichert jedem Hilfebedürftigen diejenigen materiellen Voraussetzungen zu, die für seine physische Existenz und für ein Mindestmaß an Teilhabe am gesellschaftlichen, kulturellen und politischen Leben unerlässlich sind.«

Das Grundgesetz ist, verglichen mit der Bayerischen Verfassung, eine Sperrholz-Verfassung – nüchtern, trocken und spröde. Neben die Bayerische Verfassung gelegt, ist es eine gute Hausordnung, ein Organisationsstatut, dem man anmerkt, dass es in einer staatsrechtlich schwierigen Situation entstanden ist; dass seine Schöpfer damit keinen Staat schaffen wollten; dass sie Angst davor hatten, mit dem Grundgesetz die staatliche Teilung und das westliche Schrumpfdeutschland zu zementieren. Ganz anders die Bayerische Verfassung, die den Bestand dieses Landes bewahren und sichern wollte. Diese Bayerische Verfassung mag ihr Volk, anders als das Grundgesetz das seine, diese Verfassung vertraut dem Volk und gibt ihm das Recht zu Volksbegehren und Volksentscheid. Sie macht Ernst mit dem Satz, dass alle Staatsgewalt vom Volke ausgeht. Das Grundgesetz traut sich das bis heute nicht explizit.

Die Grundrechte des Grundgesetzes wären blass geblieben, wenn das Gericht in Karlsruhe sie nicht an- und ausgemalt hätte. Das ist die große Tragik dieser Bayerischen Verfassung: Niemand hat sie an- und ausgemalt; niemand hat sie gestärkt, niemand hat sie zu einem Hort der Hoffnung und des Vertrauens der Menschen zwischen Garmisch und Hof gemacht. Diese Bayerische Verfassung hätte, um es biblisch zu sagen, »Sauerteig« der Gesellschaft sein können, oder, um es auf Bayerisch zu sagen: Sie hätte das sein können, was die Hefe für einen Hefezopf ist. Sie hätte dafür sorgen können, dass der Teig schön aufgeht.

Sie hätte, sie hätte, sie hätte. Diese Verfassung ist ein Imperativ, der von den staatlichen Autoritäten in den Konjunktiv gesetzt wurde. Es gibt zwar einen Bayerischen Verfassungsgerichtshof in München; aber es ist ihm, anders als dem Bundesverfassungsgericht in Karlsruhe, nicht gelungen, die Verfassung zu entfalten. Die Bayerische Verfassung ist daher geblieben, was und wie sie war. Sie ist nicht – um im Bild zu bleiben – »aufgegangen«, sie ist nicht gewachsen. Ihre Grundrechte und Grundpflichten, ihre Staatsziele und Gesellschaftsgrundsätze sind nicht ausgestaltet worden. Sie spielt daher kaum eine Rolle im Leben der Bürger – ganz anders als das Grundgesetz.

Die Bayerische Verfassung ist als offensive Verfassung angelegt, die aber von der politischen Praxis in die Defensive geführt wurde. Das Grundgesetz ist eigentlich eine defensive Verfassung, die durch das Bundesverfassungsgericht in eine offensive Verfassung verwandelt wurde. Erst dieses Gericht hat das Grundgesetz zu dem gemacht, was es ist: ein Vademekum, eine Bibel für die Staatsbürger, ein Werk mit Rechten und Garantien, auf die man sich gern beruft. Die Grundrechte des Grundgesetzes wären ohne die Richterinnen und Richter in Karlsruhe klein geblieben.

Grundrechtsentfaltung

Am Beispiel des bereits erwähnten Gleichberechtigungs-Artikels lassen sich die Kraft und Macht des höchsten Gerichts besonders schön zeigen. Das Bundesverfassungsgericht stellte schon bald nach seiner Konstituierung in seinem Urteil vom 18. Dezember 1953 klar, dass dieser Artikel 3 Absatz 2 Grundgesetz nicht lediglich Programmsatz und schönes Sprüchlein ist, sondern unmittelbar geltende, alle Staatsgewalten bindende Verfassungsrechtsnorm, an der sich Gesetze messen lassen müssen. Die Entscheidung war weitreichend. Auch wenn sich mit der Rückkehr der Männer aus Krieg und Gefangenschaft und dem mit der Währungsreform beginnenden wirtschaftlichen Aufschwung erst einmal wieder die Meinung breitgemacht hatte, die Frau gehöre ins Heim zu den Kindern und zurück an den Herd, auch wenn es nochmals heftige politische Auseinandersetzungen über die Frage gegeben hatte, ob das tradierte Ehe- und Familienbild in seiner rechtlichen Fassung nicht doch der gottgegebenen, der natürlichen Bestimmung von Frau und Mann entspreche, läutete die genannte Entscheidung des Verfassungsgerichts mit ihrer strikten Bindungswirkung das »Aus« für die bisherige, auf Hausherrendominanz abstellende Ehe- und Familienrechtskonstruktion ein.

Karlsruhe kippte sodann im Namen der Gleichberechtigung das Letztentscheidungsrecht des Ehemanns über Ehefrau und Kinder, die männliche bäuerliche Erbfolge und das ehelich-mannesorientierte Namensrecht. Es mahnte des Weiteren eine Reform des Kindschaftsrechts bei gleichberechtigter Elternschaft an; es bezeichnete die Ehe als gleichberechtigte Partnerschaft mit gleicher Teilhabe der Eheleute am gemeinsam Erwirtschafteten; es hielt die Herstellung faktischer Gleichberechtigung für notwendig, forderte die Beseitigung von beruflichen Zugangsbarrieren für Frauen und richtete sein Augenmerk später auch auf jene Normen, die zwar nicht geschlechtsspezifisch differenzieren, aber gerade dadurch faktisch noch bestehende Benachteiligungslagen von Frauen zementieren und Frauen damit indirekt diskriminieren. Stück für Stück, Entscheidung für Entscheidung wurde in Karlsruhe der Emanzipation der Frau in Ehe und Familie der Weg bereitet.

Ohne das Zutun des Gerichts würde das deutsche Familienrecht noch immer so ähnlich aussehen wie ein Fotoalbum aus den frühen fünfziger Jahren. Und die Gesetzbücher und die juristischen Lehrwerke läsen sich womöglich immer noch ähnlich antiquiert wie die damals aktuellen: der Mann als Bestimmer mit Herrschaftsbefugnis und Entscheidungsrecht, die Frau als dem Folge Leistende. Das Ganze las sich so, als sei es Teil einer ewigen Schöpfungsordnung. Die fünfziger Jahre, die Zeit also, in der Gleichberechtigung und Gleichheitssatz noch keine Kraft hatten, gelten bei manchen immer noch als die »gute alte Zeit der Familie«. Es war die Zeit, als eine Heirat noch gleichbedeutend war mit Familiengründung und Familie Vater-Mutter-Kind meinte. Es war die Zeit einer vermeintlich heilen Welt, als noch nicht, wie heute, ein Drittel aller Ehen geschieden wurde. Das war allerdings vor allem deswegen so, weil der Frau die Scheidung damals unendlich schwer gemacht wurde – als könne der Gesetzgeber so sein Wunschbild von Ehe und Familie festhalten und verteidigen.

Dem Zeitgeist voraus

Die angeblich gute alte Zeit der Familie war auch die Zeit, in der Homosexualität noch als »geschlechtliche Unzucht« strafrechtlich verfolgt wurde, in der nichteheliche Kinder stigmatisiert wurden und es als selbstverständlich galt, dass Eltern ihre Kinder züchtigen und schlagen dürfen. Das idealisierte familiäre Stillleben der Vater-Mutter-Kind-Familie führte damals dazu, dass alles, was da nicht hineinpasste, wie Kehricht behandelt wurde. Ledige Mütter waren geächtet und wurden vom Gesetz so behandelt, als wären sie nicht ganz zurechnungsfähig. Ihnen wurde, das ist erst ein paar Jahrzehnte her, das Jugendamt als

Vormund vor die Nase gesetzt; ihre Kinder galten als »Kinder dritter Klasse«. Das Recht versuchte, die Vater-Mutter-Kind-Familie als das alleinige Muster und Leitbild familiärer Lebensordnung festzuschreiben. Und alle, die da nicht hinpassten, mussten leiden. Das galt für die nichtehelichen Kinder, das galt für die Schwulen und Lesben.

Die Zeiten dieses vermeintlichen Idylls sind glücklicherweise vorbei. In fünf Jahrzehnten haben Ehe und Familie mehr Änderung erlebt als zuvor in fünfhundert Jahren; und das Bundesverfassungsgericht hat diesen Wandel schützend begleitet. Die nichteheliche Geburt von Kindern ist alltäglich geworden – und das Recht hat das akzeptiert und respektiert. Etwa ein Drittel der Kinder werden heute außerhalb einer Ehe geboren, drei Millionen Kinder von Alleinerziehenden großgezogen, immer mehr Kinder wachsen in sogenannten Patchwork-Familien auf.

Urteil für Urteil hat Karlsruhe auch die Rechte von Schwulen und Lesben gestärkt; Urteil für Urteil hat es die Homo-Ehe der »klassischen« Ehe angeglichen; Urteil für Urteil haben die Richter dem Gesetzgeber erklärt, dass auch gleichgeschlechtliche Gemeinschaften Verantwortungsgemeinschaften sind; Urteil für Urteil haben die Richter gesagt, dass es Ungleichbehandlung aufgrund sexueller Orientierung nicht geben darf.

Das Verfassungsgericht hat die Akzeptanz von Homosexualität in der Gesellschaft gefördert. Das ist richtig, ja geboten, aber ungewöhnlich. Normalerweise hinkt die Justiz dem Zeitgeist eher hinterher. In Juristenkreisen galt es lange geradezu als schick, den Zeitgeist zu verteufeln. Man setzte den Zeitgeist gleich mit kurzfristigen Moden und Trends – und übersah zumeist, dass Zeitgeist etwas anderes ist: ein kollektives Hintergrundbewusstsein. Es hat beispielsweise ewig gedauert, bis das Verfassungsgericht Sitzdemonstrationen nicht mehr automatisch als strafbare Nötigung begriffen hat, sondern als rechtmäßige Form des politischen Protests. Beim Schutz von Homosexuellen sind sich die Richter indessen bewusst, dass das Grundgesetz eine Verfassung ist, die sich dem Schutz von Minderheiten ganz besonders verschrieben hat.

Das hat einen historischen Hintergrund: Die Nationalsozialisten haben die Minderheiten grausam verfolgt. Daraus hat das Grundgesetz seine Lehren gezogen, und das Verfassungsgericht auch. Der beste Teil seiner Rechtsprechung betrifft die Rechte von Minderheiten: Strafgefangene, Sozialhilfeempfänger und »Hartzer«, Pazifisten, Transsexuelle und Homosexuelle. Das Verfassungsgericht war und ist ihre Schutzmacht. Nur bei den Flüchtlingen hat das Gericht versagt; bei der Änderung des Asylgrundrechts hat es gekuscht.

Die Schutzmächtigkeit des Gerichts hat sich bei der Stärkung der Rechte der Homosexuellen eindrucksvoll gezeigt. Seitdem das Lebenspartnerschaftsgesetz im Jahr 2001 Schwule und Lesben noch scheu und zurückhaltend eingeladen hat, sich zu verpartnern, hat das Gericht diese Rechtsentwicklung konsequent und kontinuierlich vorangetrieben. Die deutsche Gesellschaft hat sich, anders als die französische, an diese Rechtsentwicklung gewöhnen können. In Frankreich flogen Steine; in Deutschland fielen und fallen Urteile – aber nicht gegen, sondern für Homosexuelle. Karlsruhe hat nämlich, stillschweigend und peu à peu, das Grundgesetz um ein Grundrecht ergänzt, das man so formulieren könnte: »Der Staat achtet und schützt alle Lebensformen. Lebensgemeinschaften mit Kindern und Hilfsbedürftigen stehen unter dem besonderen Schutz der staatlichen Ordnung.« Es ist dies ein Satz, der 1993 bei Überarbeitung des Grundgesetzes nach der deutschen Einheit schon einmal auf dem Tisch des Verfassungsgebers gelegen hatte, von CDU/CSU aber nicht akzeptiert worden war.

»Ehe und Familie stehen unter dem besonderen Schutze der staatlichen Ordnung. Pflege und Erziehung der Kinder sind das natürliche Recht der Eltern und die zuvörderst ihnen obliegende Pflicht«, heißt es in Artikel 6. Gewiss ist es so, dass die Mütter und Väter des Grundgesetzes bei der Abfassung dieses Artikels an verschiedengeschlechtliche Eltern gedacht haben. Das Bundesverfassungsgericht hat dazu 2013 in seiner Entscheidung zur sogenannten Sukzessiv-

Adoption ausgeführt, die Formulierung sei nicht als eine bewusste Ablehnung der Anerkennung gleichgeschlechtlicher Paare als Eltern zu verstehen. Es sei schlicht so, dass gleichgeschlechtliche Eltern damals, bei Formulierung des Grundgesetzes, außerhalb des Vorstellungshorizonts gelegen hätten. Das ist wohl wahr. Ein gutes Recht kann nicht die Augen davor verschließen, dass der gesellschaftliche Wandel den Horizont wie die Erkenntnis erweitert hat. Wenn die Politik schon nicht in der Lage ist, dem Wandel Rechnung zu tragen – was bleibt dem höchsten Gericht übrig? Eine Verfassung ist dafür da, den Menschen Halt zu geben. Das hat das Verfassungsgericht getan.

Das Grundgesetz, so, wie es vom Bundesverfassungsgericht interpretiert und fortentwickelt worden ist, war der Motor für die geglückte Modernisierung der Gesellschaft. Es war das Herz der neuen deutschen Aufklärung. Das ist das Grundgesetz-Wunder.

Von Wundern und Wunden

Die Worte »Wunder« und »Wunden« liegen nah beieinander. Dem Wunder sind Wunden geschlagen worden. Von einem Stolz der Politik auf die Bürger- und Freiheitsrechte spürt man im politischen Alltag viel zu wenig, seitdem ein ungeschriebenes »Grundrecht auf Sicherheit« zum Super-Grundrecht aufgestiegen ist. Das Bundesverfassungsgericht kümmert sich seit Jahren um die Grund- und Freiheitsrechte, Regierung und Bundestag kümmern sich um deren Einschränkung. Der Gesetzgeber tut auf dem Gebiet der inneren Sicherheit so, als müsse er – mit Vorratsdatenspeicherung, Computerdurchsuchung und sonstigen Überwachungsmaßnahmen – eher den Staat vor dem Bürger schützen als den Bürger vor dem Staat. An die Stelle des Stolzes auf die Bürgerrechte ist das Vorurteil getreten, man müsse diese kleiner machen, um so mehr Sicherheit zu schaffen. Die USA agieren dabei besonders exzessiv – der monströse Zugriff auf sämtliche Kommunikationsdaten deutscher Bürgerinnen und Bürger ist eine Ausprägung dieser amerikanischen Exzessivität. So kommt es, dass das sichere grundrechtliche Fundament nicht mehr sicher ist.

Ein solcher Befund gilt den Sicherheitspolitikern als Alarmismus. Wer nichts angestellt habe, sagen sie, müsse vor schärferen Kontrollen keine Angst haben – so hat man das bis vor kurzem allenthalben von den Sicherheitspolitikern gehört. Angesichts des NSA-Skandals fällt der bislang so beliebte Satz »Wer nichts zu verbergen hat, der hat auch nichts zu befürchten« freilich nicht mehr so oft wie in den vergangenen Jahren.

Solche Sätze waren und sind die Stricke, an denen immer neue Sicherheitsgesetze wie trojanische Pferde in den Rechtsstaat hineingezogen werden. Die schönste Beobachtung, die man zum Grundgesetz-Jubiläum machen kann, ist immerhin die: Der Widerstand gegen den politischen Verzehr der Bürgerrechte wächst, er artikuliert sich auch in den Klagen und Verfassungsbeschwerden, die in Karlsruhe erhoben werden. Diese Klagen sind die neuen deutschen Liebeskummerbriefe; und das Verfassungsgericht bemüht sich in seinen Antworten, den Kummer zu lindern. Die Frage ist, ob es – wenn man an die grundgesetzwidrigen Aktivitäten der Geheimdienste NSA & Co. denkt – noch die Kraft und die Kompetenz zu dieser Linderung hat. Es wäre gut, wenn der Europäische Gerichtshof in Luxemburg grundrechtsschützend an die Seite des Bundesverfassungsgerichts in Karlsruhe träte.

Teil 4

Die bettelnden Grundrechte

Es gibt Sätze und Wörter, die für die gute Geschichte eines Landes stehen. In Deutschland gehören die Begriffe »Wirtschaftswunder« dazu und »Wiedervereinigung« und Willy Brandts kluge Parole »Mehr Demokratie wagen«. Der »Verfassungspatriotismus« gehört auch dazu; es ist der schönste Patriotismus der deutschen Geschichte. Der Verfassungspatriotismus steht für den Stolz auf die Grundrechte, die zum Alltagsbegleiter der Menschen geworden sind. Wenn es stimmt, dass das Vertrauen das Kapital der Demokratie ist, dann sind in Deutschland die Grundrechte der Grundstock dieses Kapitals.

»Vertrauen ist der Anfang von allem« – das war im Jahr 1995 der Werbeslogan der Deutschen Bank. Es wäre gefährlich, wenn der demokratische Rechtsstaat das Vertrauen der Menschen so verspielen und verlieren würde wie die Großbanken. Vertrauen ist die Währung der Demokratie. Es gibt Gesetze, die ungeheuer viel Vertrauen genießen – das Grundgesetz vor allem, und dies vor allem wegen der Grundrechte. Es gibt rechtsstaatliche Institutionen, die ungeheuer viel Vertrauen genießen: das Bundesverfassungsgericht zum Beispiel, und dies vor allem deswegen, weil es die Grundrechte gehegt und gepflegt hat. Und es gibt staatliche Institutionen, die sehr wenig Vertrauen genießen: der Verfassungsschutz zum Beispiel. An der Verfassung kann das nicht liegen.

Der »Boden des Grundgesetzes« gehört zu den guten Worten in der Geschichte der Bundesrepublik. Dieser Boden des Grundgesetzes ist die Heimat des deutschen Rechtsstaats und der deutschen Demokratie. Auf dem Boden des Grundgesetzes wurde der deutsche Rechts- und Sozialstaat errichtet; auf diesem Boden stehen die Parlamente; auf diesem Boden arbeiten die Verwaltungsbehörden; auf diesem Boden urteilt das Bundesverfassungsgericht, hierin wurzelt und hierauf wachsen auch das Selbstbewusstsein und die Selbstsicherheit der deutschen Bürgerinnen und Bürger.

Dieses Selbstbewusstsein und diese Selbstsicherheit ist ins Wanken geraten, seit bekanntwurde, dass unter dem Boden des Grundgesetzes US-Geheimdienste arbeiten, die sich um die deutschen Grundrechte nicht kümmern, die das Fernmeldegeheimnis so wenig achten wie den Schutz der Privat- und Intimsphäre der Bundesbürger; die das Recht der Menschen auf informationelle Selbstbestimmung nicht respektieren; die das Computer-Grundrecht, also das vom Verfassungsgericht geschaffene Recht auf Vertraulichkeit und Integrität informationstechnischer Systeme, ja den gesamten Datenschutz ignorieren, den Gesetzgeber und Bundesverfassungsgericht in Jahrzehnten geschaffen haben.

All diese Rechte sind auf dem Boden des Grundgesetzes gewachsen; dieser Boden aber wird von NSA & Co. unterminiert und ausgehöhlt, die Wurzeln dieser

Grundrechte werden abgeschnitten. NSA & Co. tun dies im Namen der Sicherheit der USA und ihrer Truppen; sie tun dies aus Gewohnheit und in dem Gefühl, dass es ja nicht die Grundrechte der US-Bürger sind, die malträtiert werden. Die Verwanzung von Botschaften und Büros der Europäischen Union durch den amerikanischen Geheimdienst, das Abhören selbst der Handys der Bundeskanzler Schröder und Merkel zeigten die unterirdische Überheblichkeit dieses Sicherheitsapparats.

Nicht nur die Souveränität, auch das Bürgerrechtsbewusstsein wird geschunden von Geheimdienst- und Militäraktionen der USA in Deutschland. »Alle Staatsgewalt geht vom Volke aus«, heißt es in Artikel 20 Grundgesetz. Das Volk ist in der Demokratie das Subjekt, in dem Recht und Macht zusammenfallen. Das deutsche Volk und die deutschen Volksvertretungen aber wissen nichts oder fast nichts davon, dass von Deutschland aus US-Kampfdrohnen gesteuert werden, dass hier eine US-Logistik zur Folterung und Exekution von Menschen sitzt; und schon gar nicht haben deutsches Volk und Bundestag das gebilligt. Die amerikanischen Abhöraktionen gegen die deutschen Bürgerinnen und Bürger bis hinauf zu den Bundeskanzlern Schröder und Merkel spotten jeder Beschreibung.

Die Missachtung des deutschen Grundrechts hat

einen beschwichtigenden Namen: »Strategische Kontrolle« nennt das der US-Geheimdienst. Das ist nicht nur eine Kontrolle bestimmter Telefonate, das ist nicht nur ein Zugriff auf bestimmte Internetdaten, sondern die Kontrolle des gesamten Telefon- und Internetverkehrs. »Strategische Kontrolle« ist grob verharmlosend, man sagt besser globale Schleppnetzüberwachung. Sie ist der GAU für das allgemeine Persönlichkeitsrecht – die größte anzunehmende Überwachung. Es existiert eine grundrechtsnegierende, ja eine grundrechtsverachtende Parallelwelt, eine Unterwelt, eine Welt unter dem Boden des Grundgesetzes.

Das Grundgesetz sagt, »in keinem Fall darf ein Grundrecht in seinem Wesensgehalt angetastet werden«. Zum Wesen der US-Spionage gehört aber ganz offensichtlich, vom Wesen der genannten Grundrechte kaum etwas übrig zu lassen. Der Boden des Grundgesetzes verliert seine Stabilität. Die Statik des deutschen Rechtsstaats, der auf diesem Boden errichtet wurde, wankt. Die Tektonik der Verfassung bricht.

Man kann das kritisch unter Souveränitätsaspekten betrachten. Also: Wo bleibt die deutsche Souveränität, wenn die deutschen Staatsgewalten das US-Schalten und -Walten nolens volens hinnehmen?

NSA, Souveränität und Globalisierung

Moderne Staaten haben sich ihrer Könige entledigt, aber nicht der Souveränität – so formuliert das der deutsche Europarechtler und Rechtsphilosoph Ulrich Haltern. Aber was bedeuten Souveränität und Selbstbestimmung heute? Ist Souveränität nur noch ein Habitus, eine Art staatsmännische Gelassenheit?

Ist es also souverän, wenn die Bundesregierung es hinnimmt, dass die USA von deutschem Boden aus Krieg führen?

Ist es souverän, wenn die Bundesanwaltschaft dabei zuschaut?

Ist es souverän, dass die deutschen Staatsgewalten das geheimkriegerische Agieren der Amerikaner auf deutschem Territorium tolerieren, akzeptieren, respektieren?

Wo ist die deutsche Souveränität, wenn sich die Bundesanwaltschaft in diesen Fällen offenkundiger Rechtsverletzung kein Ermittlungsverfahren einzuleiten traut – und stattdessen einen sogenannten Beobachtungsvorgang von der linken auf die rechte Seite des Schreibtisches schiebt und dann wieder zurück? Ist Souveränität sozusagen die Gabe der deutschen Autoritäten, das alles zu ertragen, weil daran nur um den Preis größter Aufregung und eines Zerwürfnisses mit der Weltmacht und dem NATO-Partner USA etwas geändert werden kann?

Wenn dies Souveränität ist, dann würde das bedeuten: Souverän ist, wer vergisst, was nicht mehr zu ändern ist. Das wäre dann eine sehr souveräne Insouveränität.

Oder ist es mit der Souveränität so wie mit der Wirtschaft, hat sie sich globalisiert? Wenn dem so wäre, dann dürfte das nicht nur eine einseitige Angelegenheit sein; dann müsste es nicht nur US-Staatsgewalt in Deutschland geben, sondern deutsche Staatsgewalt auch in den USA, so, wie es dort (oder in China oder Russland) deutsche Autos gibt.

Nein, Souveränität hat sich nicht globalisiert. Sie sieht nur anders aus als früher; sie ist reduziert. Es hat einen Entstaatlichungsprozess gegeben – das bekannteste Kürzel dafür heißt EU. Die Nationalstaaten sind von dem dichten Geflecht einer europäischen Rechts- und Quasi-Verfassungsordnung umgeben, dazu noch von vielen internationalen Vertragswerken eingehüllt. Die Staatsrechtler und die Politikwissenschaftler reden daher von »offenen Staaten« und von einer »Welt jenseits des Staates«; sie konstatieren eine Postnationalisierung des Verfassungsrechts, sie reden von einem europarechtlich überlagerten Grundgesetz und einer relativierten Staatlichkeit. Mit dieser relativierten Staatlichkeit ringt auch das Bundesverfassungsgericht in jeder seiner Euro-Entscheidungen: Wie viel Hoheit braucht der Staat, um noch als Staat zu existieren?

Der Nationalstaat ist nicht tot, aber entzaubert. Das ist, angesichts der blutigen Geschichte dieser Nationalstaaten, gewiss nicht schlecht. Die Exzesse einer fast mystisch aufgeladenen Staatlichkeit hatten sich im alten klassischen Konzept von Souveränität niedergeschlagen. Heute sind Deutschland & Co. weit entfernt von der absoluten Befehls- und Selbstbestimmungsmacht, von der »summa legibusque soluta potestas« – die einst, im 16. Jahrhundert, der Staatstheoretiker Jean Bodin als den Inhalt von Souveränität beschrieben hat. Die modernen Staaten, die in Europa zumal, haben Teile ihrer Herrschaftsgewalt delegiert und dafür die Möglichkeit erhalten, internationale Politik und internationales Recht zu gestalten.

Mit diesem neuen Konzept ist aber das rigorose Schalten und Walten der USA auf deutschem Boden kaum zu erklären. Es legitimiert sich allenfalls zum Teil durch Verträge, also durch das souveräne Verhandeln zweier Staaten. Die Legitimation der US-Militär- und Geheimdienstlogistik in Deutschland besteht offenbar auch in ihrer schieren Existenz.

Muss man das (mit Carl Schmitt, dem umstrittensten Staatsrechtler des 20. Jahrhunderts) als Faktum respektieren? Carl Schmitt hat in seiner Verfassungslehre dekretiert: »Was als politische Größe existiert, ist, juristisch betrachtet, wert, dass es existiert.« Es existieren offensichtlich zwei Staatsgewalten auf deutschem Boden: erstens die deutsche, und zwar in der Gestalt, die ihr die EU- und andere Verträge gegeben haben; daneben zweitens die US-amerikanische, in nicht genau bekannter Form. Mit zwei nebeneinander existierenden Macht- und Herrschaftssystemen gibt es freilich in Deutschland reiche Erfahrungen: Jahrhundertelang waren das zunächst Kaiser und Papst, dann Staat und Kirche.

Noch viel wichtiger als die staatsrechtliche Kategorie der Souveränität, noch viel wichtiger als dieses Recht des Staates sind aber die Grundrechte der Menschen. Warum? Wenn der grundrechtsaushebelnden Spionage nicht Einhalt geboten werden kann, geht die Geborgenheit der Bürger im Rechtsstaat verloren. Aus stolzen Grundrechten werden bettelnde Grundrechte. Bettelnde Grundrechte sind solche, die auf Gnade angewiesen sind. Und Grundrechte, die auf Gnade angewiesen sind, sind keine Grundrechte mehr.

Gewiss: Auch die deutschen Geheimdienste spähen Daten aus. Auch sie sichten Daten von Bundesbürgern und greifen auf das Internet zu – aber sie sind gehalten, es auf der Basis von Recht und Gesetz zu tun, gebunden an die Grundrechte, beaufsichtigt vom Bundesverfassungsgericht. Diese Aufsicht befriedigt nicht immer: Das Gericht in Karlsruhe hat im Jahr 1999 einen Grundfehler gemacht, als es zu lax über das Verbrechensbekämpfungsgesetz von 1994 entschieden hat. Damit wurde der sogenannte elektronische Staubsauger installiert, der es dem Geheimdienst erlaubt, Telekommunikation zu kontrollieren und auch aufzuzeichnen, sobald darin bestimmte Stichwörter fallen. Die Trennung zwischen Polizei und Geheimdienst bei der Verbrechensbekämpfung war damit aufgegeben.

In der mündlichen Verhandlung des Bundesverfassungsgerichts in dieser Angelegenheit haben sich die höchsten Richter damals einlullen lassen von den Beteuerungen, dass der Geheimdienst BND schon rein technisch nicht mehr als täglich 15 000 Telekommunikationen erfassen könne. Die Richter schalteten daher den elektronischen Staubsauger nicht aus, sondern schrieben nur eine neue Gebrauchsanweisung für ihn. Die Abhörerei wurde mit ein paar Beschränkungen erlaubt. Weder der BND noch der Gesetzgeber haben sich in der Folge beschränken lassen. Von 2001 an wurden dann neue Abhörgesetze erlassen und stärkere Staubsauger installiert.

Immerhin: Deutsches Recht und Gesetz haben das Parlamentarische Kontrollgremium und die G-10-Kommission geschaffen, welche die Eingriffe der deutschen Geheimdienste in das Fernmeldegeheimnis nach Artikel 10 Grundgesetz genehmigen und kontrollieren soll. Diese Kontrolle ist sehr unzureichend, aber es gibt sie immerhin.

Die US-Geheimdienste dagegen spionieren in Deutschland und gegen deutsche Bürger, ohne dass die Parlamente und die Regierung irgendeinen Einfluss darauf hätten. Die US-Spionagegewalt in Deutschland ist ganz offensichtlich nicht »an Gesetz und Recht«, nicht »an die verfassungsmäßige Ordnung« gebunden, wie es der Artikel 20 fordert. Das ist, um es sehr vorsichtig zu formulieren, nicht in Ordnung. Das ist verfassungswidrig, das ist staatsgefährdend. Der deutsche Staat hat den umfassenden Schutz der Grundrechte des Grundgesetzes garantiert. Wenn er diese Garantie nicht einhalten kann oder will, wenn diese Garantie also nichts mehr gilt, handelt es sich um einen Fall von Staats- und Grundrechtsnotstand.

Die Privatsphäre, eine Dörrpflaume

Privatsphäre ist notleidend geworden. Privatsphäre ist ein Wort aus der Vergangenheit, ist ein Wort geworden so seltsam wie das Fernmeldegeheimnis, das aus einer Zeit stammt, als die Telefone noch Tischfernsprecher hießen und aus Bakelit gemacht wurden. Damals war das Fernmeldegeheimnis noch ein echtes Grundrecht. Dies gilt heute nur noch dem Namen nach: Es steht zwar noch unter Nummer 10 im Grundgesetz, aber es hat seinen Wert verloren – so, wie die Privatsphäre ihren Rang verloren hat. Die Privatsphäre schrumpft, sie verhutzelt zu einem angeblich unzeitgemäßen Ding und sieht aus wie eine Dörrpflaume; informationstechnische Systeme trocknen sie aus, sie ergreifen Besitz vom beruflichen und privaten Alltag der Menschen.

All diese Systeme arbeiten natürlich nicht aus eigenem Antrieb; sie werden betrieben und sie werden gefüttert vom Staat und von der Privatwirtschaft. Viele Politiker und Praktiker der inneren Sicherheit, viele derjenigen, die zur Vorbeugung immer mehr Überwachung fordern, sind wenig schuldbewusst. Sie verweisen nicht nur auf die Terrorgefahr, sondern auf den Exhibitionismus der Handy- und Internetgesellschaft: Die Menschen wollten, so sagen sie, ja ganz offensichtlich gar nicht mehr unbeobachtet und unbelauscht sein. Eine Gesellschaft, die ihre Intimitäten öffentlich und überall in die Handys posaune, habe das Fernmeldegeheimnis längst aufgegeben. Man brauche sich also über die steigenden Zahlen von Abhöraktionen gar nicht empören.

Diese Betrachtungsweise ist nicht einfach nur an den Haaren herbeigezogen. Es gibt ja nicht nur den US-Orwell. Es gibt auch eine deutsche und eine internationale Orwellness. Diese Orwellness, diese Entblößungsgesellschaft, nutzt das Internet als Entblößungsmedium.

Indes: Wer sein Fenster aufmacht, erteilt nicht die Erlaubnis, bei ihm einzusteigen und die Wohnung auszuräumen. Wenn einer sich halb auszieht, ist das nicht die Aufforderung an Dritte, ihn vollends zu entkleiden. Und wer im Großraumabteil der Bahn laut telefoniert, gibt dem Staat damit nicht die Erlaubnis, seine Telefondaten zu speichern oder seinen Computer anzuzapfen. Er gestattet seinem Arbeitgeber damit nicht, auf dem Klo und in den Umkleideräumen Videokameras zu installieren. Er ist auch nicht damit einverstanden, dass der Personalchef ihn ausspioniert und Dossiers über seine Macken und Krankheiten anlegt. Und erst recht willigt er nicht darin ein, dass seine Geheimnummern für Kreditkarten und elektronische Überweisungen auf dem freien Markt gehandelt werden. Im Übrigen sind die Handy-Posaunisten und die Internet-Exhibitionisten noch lange nicht »die Gesellschaft«: Selbst dann, wenn Hunderttausende ausdrücklich und umfassend auf ihre Privatsphäre verzichteten, könnten sie das nicht mit Wirkung für Millionen anderer Menschen tun.

Der Schutz der Grundrechte der Bundesbürger funktioniert offensichtlich nicht mehr gut. Das ist ein Befund, der einen zutiefst beunruhigt – es sei denn, man gehört zu den Phlegmatikern, die glauben, dass sie die Überwacherei nichts angehe, weil sie eh nichts zu verbergen hätten. Manche dieser Leute halten die US-Spionage für Montezumas Rache an der Internetgeneration.

Snowden, der Wanderer am Weltenrand

Reden wir von Edward Snowden. Er hat uns den Blick in die neue Welt der globalen Datenspionage ermöglicht. Im Januar 2013 hat man ihn im deutschen Fernsehen von der umfassend überwachten Internetwelt erzählen hören. Es kommt einem da ein altes Bild in den Sinn, das in fast jedem Schulbuch zu sehen ist. Es ist ein Holzstich, der »Wanderer am Weltenrand« heißt und einen Menschen auf allen vieren zeigt, der mit Kopf und Schultern das mittelalterliche Weltbild durchstößt und dahinter das Sonnensystem erblickt. Das Bild symbolisiert den Abschied von der geozentrischen Sicht der Welt, von der Sicht der Welt also, die die scheibenförmige Erde im Mittelpunkt des Kosmos sah, über der sich der Himmel wie eine Kuppel wölbte. Das Bild ist eine Illustration der kopernikanischen Wende, ein Bild über den Vorstoß in neue Dimensionen, ein Blick in die Zukunft.

Edward Snowden kraucht, fast 500 Jahre nach Kopernikus, nicht als Wanderer, sondern als Flüchtling in dieser alten Welt des frühen 21. Jahrhunderts herum. Deutschland hat ihm leider kein Asyl gegeben, obwohl er sich um dieses Land und seine von den USA verletzten Grundrechte verdient gemacht hat. Snowden, das ist sein großes Verdienst, öffnet den Blick in eine neue, umfassend überwachte Internetwelt, von der er seit dem 6. Juni 2013 entsetzt erzählt.

Er berichtet von einer digitalen Kosmologie, von einer radikalen und globalen Überwachungstechnik, die auf die Internetanbieter und die sozialen Medien umfassend zugreift und in deren Bestände eingreift, die aber ebenso in der Lage ist, alles, was im Internet passiert, in Echtzeit zu speichern.

Man kann das als »digitale Inquisition« bezeichnen. Diese digitale Inquisition tut nicht körperlich weh, sie ist einfach da, sie macht die Kommunikation unfrei. Die freie Kommunikation ist aber, so hat es das Bundesverfassungsgericht beschrieben, eine »elementare Funktionsbedingung eines auf Handlungsfähigkeit und Mitwirkungsfähigkeit seiner Bürger begründeten freiheitlichen Staatswesens«. Die Richter warnten eindringlich vor einer Gesellschaftsordnung, »in der Bürger nicht mehr wissen können, wer was wann und bei welcher Gelegenheit über sie weiß«. Genau das ist passiert. Und die Nachrichten über die NSA zeigen das in aller Brutalität.

Waren die Richter, als sie das formulierten, so etwas wie die Minnesänger der alten, der vergehenden Epoche? Wenn die Richter recht haben und wenn eine elementare Bedingung der Freiheit elementar bedroht ist, ja womöglich schon gar nicht mehr existiert – dann wäre das ein Kennzeichen für die Umwandlung der Gesellschaft: in einen neuen Absolutismus, der von geheimdienstlicher Souveränität getragen wird.

Die bisherige Welt – es war die Welt, die man auch deswegen freie Welt nannte, weil die Freiheit der Menschen dort das Wichtigste war. Es war eine Welt, in der man den Staat samt seinen Geheimdiensten für einen gebändigten Leviathan halten durfte; es war eine Welt, in der die Bürger daran glauben konnten, dass der demokratische Staat ihre Grundrechte achtet und sie mittels der Gerichte verteidigt.

Die bisherige Welt war eine Welt, in der man prinzipiell vom Staat in Ruhe gelassen wurde, wenn man nicht durch gefährliches oder strafbares Tun Anlass zum Eingreifen geboten hatte; man nannte das Rechtsstaat. Die Rechtsstaatlichkeit eines Staates wurde daran gemessen, ob und wie er die Grundrechte seiner Bürger einhält.

Das gilt offiziell immer noch. So oder so ähnlich steht es auch in den Verfassungen der Länder der westlichen Welt. Mit anderen Staaten, die noch keine solche Verfassung haben, mit Staaten, die sich im Übergang von der Diktatur zur Demokratie befinden, pflegt man Rechtsstaatsdialoge; Deutschland etwa führt einen solchen Dialog mit China, um so den chinesischen Sinn für die Achtung der Grundrechte zu wecken.

Die neue Welt: Snowden hat einst in dieser neuen Welt gearbeitet, in der die Grundrechte, die Kommunikationsgrundrechte zumal, nur noch als Bauklötzchen der alten Welt gelten, als Spielzeug. In dieser neuen Welt, von der Snowden nun seit Juni 2013 berichtet, sollen die umfassende Überwachung und der exzessive Einsatz digitaler Technologien die Bürger vor dem Terrorismus schützen. In dieser neuen Welt wird daher die anlasslose staatliche Ausspähung der Kommunikation der Menschen zur Normalität. Informationelle Selbstbestimmung und Privatsphäre gibt es im Netz nicht mehr. Der Mensch wird rund um die Uhr fürsorglich kontrolliert. Diese Kontrolle hat derzeit Namen wie Prism, Tempora und XKeyscore, Muscular und TAO. Aber solche Namen sind Schall und Rauch, morgen heißt sie schon wieder anders. Es handelt sich um Kürzel der Überwachung, die sich zu einem Alphabet der Totalität addieren. Würde jede dieser Überwachungsaktivitäten einen Pfeifton produzieren, die Menschen wären schon wahnsinnig geworden.

Fachkreise sagen, sie seien nicht wirklich überrascht von den Snowdenschen Schilderungen. Es sei doch bekannt gewesen, dass alle Supermächte massiv Cyberintelligence betreiben. Es ist aber ein Unterschied, ob man ahnt, dass es da etwas gibt, oder ob man erfährt, dass und wie das en détail funktioniert. Es ist ein Unterschied, ob Fachleute davon ausgehen, dass Cyberaufklärung praktiziert wird, oder ob die Öffentlichkeit ausgiebig davon unterrichtet wird.

Gewiss: Die Überwachungsarchitektur ist nicht 2013 durch einen Urknall entstanden; sie wurde und wird seit 9/11 systematisch aufgebaut. Einem Urknall gleich kamen aber Snowdens gebündelte Offenbarungen. Die Überwachungsarchitektur, die er beschreibt, ist die Optimierung dessen, was fast alle westlichen Staaten seit 9/11 praktizieren: Um Terroristen auf die Spur zu kommen, wird die Bevölkerung subtil ausgeforscht – mit Abhöraktionen, mit Überwachungs- und Datenspeicherungsprogrammen, mit der Kontrolle der Bankkonten und Computer, mit ausgeklügelten Kontrollarrangements und immer neuen Datensammlungen, bei denen Geheimdienste und Polizei kooperieren und die darauf zielen, die Mobilität und das Informationsverhalten der Bürger zu kontrollieren. Die Berufsgeheimnisse der Rechtsanwälte, Strafverteidiger, Ärzte und Journalisten sind zwar formell in Kraft geblieben; die neuen Überwachungsmethoden nehmen aber darauf keine Rücksicht.

Wie gesagt: Die Begründung für die Kaskade an Überwachungsmaßnahmen hieß und heißt: Nine-Eleven. Seit dem 11. September 2001 ist die Politik der westlichen Welt dabei, ihre Rechtsstaaten in Präventions- und Sicherheitsstaaten umzubauen. Der neue Präventions- und Sicherheitsstaat zehrt von den Garantien des alten Rechtsstaats; er entsteht, indem er sie verbraucht. Die US-Überwachungsprogramme potenzieren und radikalisieren diese Entwicklung.

Die Bürger haben sich das alles bisher aus drei Gründen gefallen lassen.

Erstens: Weil die Politik die Angst vor der Terrorgefahr immer wieder beschwört und forciert, weshalb fast alles Billigung findet, was angeblich die Gefahr entschärfen kann.

Zweitens: Weil die Bürger das Gros der Freiheitsbeschränkungen nicht spüren, die Eingriffe finden heimlich statt.

Drittens: Weil die Bürger, zumal die Deutschen, daran glauben, dass die höchsten Gerichte »es« im Notfall schon wieder richten würden.

Das Wieder-Richten, das Zurücklenken in rechtsstaatliche Bahnen funktioniert aber schon lange nicht mehr gut. Die nachhaltige Wirkung der Urteile des Bundesverfassungsgerichts ist bereits im nationalen Bereich zweifelhaft. Und gegen die globale Überwachung kann das Karlsruher Gericht ohnehin nichts ausrichten. Es ergeht dem Verfassungsgericht, wie es einst Walther von der Vogelweide ergangen ist: Der betrauerte den Verfall der höfischen Kultur und den Niedergang des Stauferreichs; aufhalten konnte er weder das eine noch das andere.

Manchmal, an pessimistischen Tagen, scheint es mir so, als seien alle bürgerrechtlichen Besorgnisse aus dem kollektiven Gedächtnis verschwunden, als hätten sie sich nur bei denen partiell erhalten, die »Netzgemeinde« genannt werden. Ja, manchmal kann man den Eindruck haben, als würden von NSA & Co. nicht nur alle Daten abgesaugt, sondern auch alle Erinnerungen an den Machtmissbrauch.

Es reicht daher nicht, wenn nationale Gerichte die »Integrität informationstechnischer Systeme« als Grundrecht postulieren. Daraus wird Nostalgie, wenn eine solche Forderung nicht von einem globalen Zeitgeist getragen und dann Kern eines neuen Internet-Völkerrechts wird.

Noch ist die Empörung über die digitale Inquisition nicht groß genug. Wenn sie nicht wächst, kann aus der Überwachung Gewohnheit werden. Dann kann es passieren, dass die Generation derer, die nach dem Jahrtausendwechsel geboren sind, die totale Kontrolle ihrer Kommunikation als normalen Preis empfindet, den man dem Internet zu entrichten hat. Das ist es wohl auch, was Edward Snowden befürchtet, wenn er sagt: »Meine größte Sorge nach meinen Enthüllungen ist, dass sich nichts ändert.«

Ist der Euro wichtiger als die Grundrechte?

Als die Banken gefährdet waren, gab es Krisensitzungen. Deutschland und die EU haben den Geldinstituten Milliardensäcke vor die Tür gestellt, um sie wieder zu stabilisieren.

Womit stabilisiert die Bundesregierung den Boden des Grundgesetzes?

Welche Krisengipfel hat die Regierung Angela Merkel angesichts der Gefahren für die rechtsstaatliche Tektonik einberufen?

Welche Rettungsmaßnahmen gibt es?

Keine. Nicht auf deutscher Ebene, nicht auf europäischer.

War das Geld, ist der Euro wichtiger, als es die Grundrechte sind?

In den Staaten der westlichen Welt ist, angeführt von den USA, ein merkwürdiger Prozess der Umkehrung rechtsstaatlicher Logik im Gang: Die Rechtsstaatlichkeit misst sich offenbar nicht mehr daran, dass man die Grundrechte einhält. Stattdessen werden die Verletzungen von Grundrechten damit gerechtfertigt, dass ja ein Rechtsstaat sie vornehme. Der Begriff »Rechtsstaat« wird seines Inhalts entblößt und ungeachtet dessen einfach gesetzt. Die Vereinigten Staaten begründen auch die größten Anrüchigkeiten auf diese Weise: Man sei ja ein Rechtsstaat; das adelt dann vermeintlich auch noch das Waterboarding.

Die Sicherheitsapparate eines Polizeistaats dürfen alles, was sie können. Die Sicherheitsapparate eines Rechtsstaats können alles, was sie dürfen. Sie dürfen und können ziemlich viel, aber das hat eine Grenze.

Das galt vor dem 11. September 2001, und das sollte auch danach so sein; ist es aber nicht mehr. Die Sicherheitspolitik der westlichen Länder hat in ihren Reaktionen auf die Terroranschläge verkannt, dass auf Dauer nur Recht die Freiheit sichern kann. Die Anti-Terror-Politik aber hat Recht und Rechte weggeräumt, um so für Sicherheit zu sorgen. Die USA waren und sind bei diesem Tun besonders exzessiv – der monströse Zugriff auch auf deutsche Daten und deutsche Bürger ist Teil dieser Exzessivität.

»Der Staat ist um des Menschen willen da, nicht der Mensch um des Staates willen.« Das steht im ersten Entwurf des Grundgesetzes, im Artikel 1 des Entwurfs von Herrenchiemsee. Das haben die Deutschen einst von den Amerikanern gelernt, die bei den Vorarbeiten zum Grundgesetz anleitend im Hintergrund standen. Stark ist nicht der Staat, der den Bürgern mit einem Generalverdacht gegenübertritt und grundsätzlich jedem misstraut. Stark ist der Staat, der überzeugt davon ist, dass die Menschen- und Bürgerrechte die besten Garanten der inneren Sicherheit sind. Das haben die Amerikaner vor sechs Jahrzehnten sehr gut gewusst. Das haben sie damals den Deutschen beigebracht. Das gilt noch immer.

Recht sichert Freiheit. Der demokratische Staat, der nur wegen und aus der Freiheit seiner Menschen besteht, darf sich nicht gegen seine Schöpfer wenden.

Datenschutz schützt daher viel mehr als nur Daten: Er schützt die Persönlichkeit, er schützt den Menschen. Er ist keine abstrakte Angelegenheit, betrieben von komischen Heiligen, die sich als Datenschützer wichtigmachen. Er ist der Schutz der Menschen in der digitalen Welt – er ist das Grundrecht der Informationsgesellschaft. Es darf kein Gnadenrecht sein.

Dem chemischen Element 112 wurde am 19. Februar 2010 der Name »Copernicium« verliehen, just am 537. Geburtstag und zu Ehren des Nikolaus Kopernikus, der den Blick auf die Welt verändert hat. Sollten die Snowdenschen Enthüllungen zu einem Bewusstseinswandel, zu einer globalen Sensibilität für den Wert der Kommunikationsgrundrechte führen – man könnte nichts dagegen haben, wenn eines Tages ein neu entdecktes chemisches Element »Snowdenium« hieße. Demokratische Rechts- und Verfassungsstaaten leben von solchen Elementen.

Teil 5

Europas Sterne

Man mag sich das Grundgesetz wie einen großen, tiefen Brunnen vorstellen. Daraus ist nun lange und viel geschöpft worden, um das europäische Haus zu bauen. Das Urteil des Bundesverfassungsgerichts zur Hilfe für Griechenland und zum Euro-Rettungsschirm vom September 2011 schöpft wohl die letzten Reste. Man spürt die Anstrengung der Richter: Der Mechanismus des Brunnens quietscht, der Eimer scheppert und kratzt am Boden. Das Gericht hat getan, was es als Verfassungsgericht tun konnte. In den Rettungsschirm-Entscheidungen war es so europafreundlich, wie es ihm auf der Basis des Grundgesetzes möglich war. Wer mehr Europa will, muss nun mehr Europa in die deutsche Verfassung schreiben. Es muss ein neuer Brunnen gebohrt, eine neue Quelle erschlossen werden.

»Das Gesetz ist klüger als der Gesetzgeber«, sagt ein geflügeltes Wort; es stammt von Gustav Radbruch, dem großen Rechtsphilosophen des 20. Jahrhunderts. Das Wort soll sagen, dass mit einem Gesetz auch Dinge geregelt werden können, an die der Gesetzgeber noch gar nicht gedacht hatte. Das Grundgesetz, die deutsche Verfassung also, ist ein ganz besonders kluges Gesetz. Es hat die Bundesrepublik seit 65 Jahren wunderbar begleitet; es hat das Land stark und friedlich gemacht, den Weg zum Wiederaufbau und zur Wiedervereinigung bereitet; es hat die Eingliederung Deutschlands in das westliche Bündnis und die europäische Integration ermöglicht, den Euro auch. Als das Grundgesetz entstand, lag das Land in Trümmern; es gab keine NATO, keine Europäische Wirtschaftsgemeinschaft, keine Europäische Gemeinschaft, und eine Europäische Union war allenfalls ein Traum, ein Gespinst ferner Hoffnung. Die Deutschen haben die juristische Kraft für all dies aus dem Grundgesetz schöpfen können – auch deswegen, weil es dort den feierlichen Wunsch der Präambel (der durch Artikel 23 verstärkt wurde) gibt: »Als gleichberechtigtes Glied in einem vereinten Europa dem Frieden der Welt zu dienen«. Dieser Wunsch muss nun verfassungsrechtlich verstärkt und ausgebaut werden. Geld ist nicht alles.

Der Verleger Hans Dieter Beck, in dessen Verlag fast alles erscheint, was in Deutschland Recht ist, hat einmal seine Meinung über das Europarecht drastisch dargelegt: Es komme ihm vor wie eine Horde Wildsäue, die in den Garten des deutschen Rechts eingefallen sei und dort den Boden zerwühlt, ja regelrecht umgeackert habe. Das klingt sehr negativ, ist es aber nicht unbedingt – auf einem umgepflügten Boden kann Neues wachsen. Und es ist in der Tat viel gewachsen. Das EU-Recht hat die nationalen Rechtsordnungen verändert, durchdrungen, überwölbt. Das Verbraucherrecht zum Beispiel ist ganz stark europarechtlich geprägt. Dieses Europarecht ist zwar furchtbar fruchtbar, es ist unübersichtlich, aber es ist da, es wächst und gedeiht (manchmal wie Unkraut), entwickelt sich zum »29. Regime« für die Wirtschaftsbürger – also zu einer Rechtsordnung, die sich neben den bestehenden achtundzwanzig nationalen Rechtsordnungen etabliert. Diese Rechtsentwicklung ruft nach Hege, Pflege und Kontrolle; aber es ist immerhin eine Rechtsentwicklung. Das lässt sich leider nicht von allen Verträgen und Rechtsakten in Europa sagen.

Im Bereich des Großen, Ganzen und Grundlegenden entwickelt sich ein hochgefährliches Prinzip: Je mehr Geld im Spiel ist, umso weniger gelten rechtliche Regeln. Die ganze Euro-Rettung basiert auf Entrechtlichung. Im Verhältnis der Mitglieder der Währungsunion zueinander und zum Finanzmarkt sind Verträge und Gesetze immer weniger verbindlich. Gestern formuliert, sind sie heute angeblich für effektive Rettungsmaßnahmen schon zu schwerfällig. Regeln, die aus der Not geboren wurden, sind angeblich für die nächste Not und die nächste Euro-Rettungsaktion schon nicht mehr geeignet, müssen angeblich der Not gehorchend gebrochen oder, wie man beschwichtigend formuliert, großzügig ausgelegt werden. Es gibt einen »Vertrag über die Arbeitsweise der Europäischen Union«. Er ist kompliziert, aber geltendes Recht. In der Staaten- und EU-Praxis ist es freilich so, dass nicht die Arbeitsweise dem Vertrag, sondern der Vertrag der Arbeitsweise angepasst wird. Aus Europa wird so eine Art Notverordnungs-Demokratie: Jede Rettungsaktion schafft sich ihr Recht. Das ist nicht recht. Der Euro ist wichtig; aber das Wichtigste sind Recht und Demokratie.

Zwölf Rettungsschirme

Was sind die Kennzeichen Europas? Sind es die gewaltigen Rettungsschirme für die Banken, für die Nationalwirtschaften und für den Euro? Müssen die zwölf goldenen fünfzackigen Sterne in der Europaflagge durch zwölf goldene, schön aufgespannte Rettungsschirme ersetzt werden?

Die Rettungsschirme sind unvorstellbare Milliardensummen groß. Aber die Größe allein bringt es nicht. Die Europäische Union braucht das Vertrauen ihrer Bürger, und dieses Vertrauen tropft nicht einfach von den Rettungsschirmen herunter. Ohne dieses Vertrauen bleibt jeder Schutzschirm instabil; er flattert, reißt alles mit oder geht kaputt. Wie sehr das Vertrauen bereits geschädigt ist, konnte und kann man in jeder Diskussion zu fast jedem Thema hören: Ob es um die verschimmelten Wände im Klo des Kindergartens geht oder darum, dass Lehrer fehlen und Unterrichtsstunden ausfallen – immer und überall gab und gibt es wilden Beifall, wenn einer dann nur

»500 Milliarden« sagt: »500 Milliarden für Banken, aber nur ein paar Knöpfe Sozialgeld pro Monat für Kinder von Langzeitarbeitslosen.«

In zwanzig Jahren vielleicht oder in dreißig – dann also, wenn sich hoffentlich keiner mehr an die Euro-Krise erinnern kann und »EU« kein komisches Kürzel mehr ist, sondern die Heimat Europa; dann also, wenn die Deutschen, die Franzosen, die Belgier, die Österreicher und die Italiener, wenn alle Europäer stolz darauf sind, dass ihre Fahne nicht mehr nur bunte Streifen hat, sondern auch noch zwölf goldene Sterne; dann also, wenn die Europäer das Gelingen eines weltgeschichtlichen Experiments feiern, weil sie zwar verschiedene Sprachen sprechen, sich aber trotzdem gut verstehen; dann also, wenn Europa nicht mehr Traum oder Alptraum ist, sondern Alltag und gutes Gefühl – dann wird man sich am Tag der Europäischen Einheit daran erinnern, wie das alles geworden ist, aller Zweifel, Krisen und gescheiterter Abstimmungen zum Trotz.

Man wird die Gründer aufzählen – Churchill und Adenauer, de Gaulle und De Gasperi, Willy Brandt, Jacques Chirac und Helmut Schmidt, Michail Gorbatschow, Helmut Kohl, François Mitterrand. Man wird die europäischen Verträge nennen, die geschlossen, gebrochen und wieder erneuert worden sind. Und man wird rühmen, wie etwas gelungen ist, was noch nie zuvor gelungen war: die Quadratur des Kreises.

Diese Quadratur hatte aber eine Voraussetzung, die für die Deutschen so bitter war, dass man sie in die Ruhmesgeschichte eigentlich nicht wird einbeziehen mögen; und trotzdem gehört sie zur langen und verworrenen europäischen Einigungsgeschichte, die auch eine der deutschen Teilung und ihrer Überwindung ist. Ohne diese deutsche Teilung hätte die europäische Einigung wohl nicht oder nicht so schnell beginnen können.

All die frühen europäischen Verträge, die in den fünfziger und sechziger Jahren des vergangenen Jahrhunderts den europäischen Weg markieren – sie konnten nur deshalb geschlossen werden, weil Deutschland gespalten war, weil Deutschland als geschwächt galt. Ein Gesamtdeutschland unter der Aufsicht der vier Besatzungsmächte, schwankend zwischen West, Ost und Neutralität, hätte nie die Chance gehabt, zusammen mit Frankreich, Italien und den Benelux-Staaten die Europäische Wirtschaftsgemeinschaft zu gründen. Die westlichen Nachbarn hätten ein solches Projekt mit einem schwarz-rot-goldenen Großstaat wohl kaum begonnen, die Ängste vor neuerlicher deutscher Hegemonie und Unberechenbarkeit wären zu groß gewesen; und wenn die westlichen Nachbarn so ein Projekt mit diesem Deutschland doch hätten wagen wollen, dann hätte es die Sowjetunion als eine der vier Aufsichtsmächte verboten.

Die deutsche Teilung war also eine Voraussetzung für die Einigung Europas. Der Eiserne Vorhang war Stigma, Symbol und Zeichen: Er hat Deutschland und Europa getrennt – und er hat zugleich die (zunächst westeuropäische) Integration befördert. Und mehr noch: Die europäische Integration beginnt gewissermaßen mit der deutschen Desintegration.

Die deutsche Teilung ließ die Westdeutschen unter ihrem ersten Bundeskanzler Konrad Adenauer ihr Heil in der Westbindung, in Europa und in der NATO suchen.

Jahrzehntelang war das (west europäische) Zusammenrücken viel realistischer als die deutsche Einheit. Man gedachte in der Bundesrepublik zwar ab und an der armen »Brüder und Schwestern« im Osten, hatte sich aber im Stillen mit der Teilung Deutschlands abgefunden und sich mit dem Leben unter den westeuropäischen Sternen gut eingerichtet. Es gab zwar in der Bundesrepublik ein wackeres Komitee, das sich »Unteilbares Deutschland« nannte. Aber mit der Zeit wirkte es wie aus der Zeit gefallen. Nach dem Gefühl von immer mehr Westdeutschen hätte das Komitee eher »unvorstellbares Deutschland« heißen müssen.

Der Erfolg der Westbindung, die geglückte Integration in die europäischen und nordatlantischen

Allianzen und das Vertrauen, das sie im Westen gewonnen hatten, ermöglichte den Westdeutschen dann unter ihrem vierten Bundeskanzler Willy Brandt die Öffnung nach Osten. Brandts neue Ostpolitik beendete die Westlastigkeit der westdeutschen Nachkriegspolitik. Zusammen mit dem großen, in Helsinki verhandelten KSZE-Abkommen über die Sicherheit und Zusammenarbeit in Europa begann ein west-östliches Entfrostungsprogramm. Und schließlich erhoben sich die Bürger im Osten, protestierten gegen ihre Unfreiheit, wollten sie nicht mehr ertragen und hörten nicht mehr auf mit ihrem Protest.

Es ist dies eine merkwürdige, denkwürdige Abfolge: Hitlers Wahnsinn hatte die Teilung Deutschlands und Europas zur Folge; diese Teilung wiederum führte dazu, dass das westeuropäische »Kleinstaatengerümpel«, wie Hitler es verächtlich bezeichnet hat, sich zusammenschloss; in diesem Zusammenschluss blühte die westliche Bundesrepublik auf, sie wurde zu einer Wirtschaftsmacht, die Westeuropa befruchtete und stabilisierte, sie wurde so attraktiv, dass die Deutschen im Osten sie für das viel bessere Deutschland hielten, sie wurde so stark, dass sie die DDR zu sich heranzog – und die Siegermächte des Zweiten Weltkriegs diese deutsche Wiedervereinigung duldeten und Pate dafür standen.

Warum? Weil dies unter dem europäischen Dach geschah – weil also die Bundesrepublik nicht nur deutsch ist, sondern europäisch, weil das neue Deutschland nicht mehr das alte Deutschland ist, sondern ein neues, ein Deutschland in Europa.

Die deutsche Teilung war eine bittere, eine sehr bittere List der europäischen Geschichte. Aber sie hat auch das Werden Europas ermöglicht und mit diesem Werden die deutsche Einheit. Opfer dieser List waren die Ostdeutschen. Sie haben gut vierzig Jahre lang dafür bezahlt, dass die EWG, die EU, die EG sich zusammen mit der West-BRD entwickeln konnten. Die Ostdeutschen lebten in Sicherungsverwahrung, in einem System, das ihnen viel mehr Freiheiten nahm, als es ihnen gab, sie lebten in mehr oder minder fürsorglicher Entmündigung. Es war dies ihr unfreiwilliges, aber geschichtsnotwendiges Opfer für die anziehende Mündigkeit Westeuropas und der darin eingebetteten Bundesrepublik. Der politökonomische Sexappeal des Westens wiederum war Voraussetzung für die Wiedervereinigung.

Diese Geschichte lehrt genau das, was Konrad Adenauer ahnend formulierte, was Helmut Kohl als Student von ihm hörte und was er dann als Kanzler von ihm übernahm und unermüdlich wiederholte: »Die deutsche Einheit und die europäische Einigung sind die zwei Seiten ein und derselben Medaille.«

Die deutsche Einheit, die lange in großer Ferne zu sein schien, ist heute viel weiter als die europäische. Es ist ja auch viel leichter, zwei Teile zusammenzufügen als die achtundzwanzig, die es mittlerweile sind. Bemerkenswert ist immerhin, wie wichtig die Währung in beiden Fällen war und ist. Mit dem Staatsvertrag über die Währungsunion vom 18. Mai/1. Juli 1990 kam die Westmark in den Osten, Monate vor dem Vollzug der Vereinigung und zu einem Umtauschkurs (gestaffelt, aber überwiegend 1:1), der ein politischer Kurs war; marktgerecht wäre ein Umtauschkurs von 4:1 gewesen. Ähnlich politisch bestimmt war die Einführung des Euro, für den der Maastricht-Vertrag 1992 die Grundlage legte.

Gewiss: Man muss nicht lange darüber nachdenken, was die deutsche und die europäische Vereinigung voneinander unterscheidet – fast alles. Und trotzdem ist die deutsche Einheit Erkenntnisquelle und Perspektive für Europa. Vereinigung wurzelt nämlich stets im selben Grund: Es ist der tiefe Wunsch nach einem friedlichen Miteinander, nach Freiheit ohne Angst, nach Entfaltungsmöglichkeiten und Teilhabe. Der Beitritt zur Westrepublik BRD war für die Menschen in der Ostrepublik DDR verlockend, weil Wohlstand, Freiheit und Demokratie auf sie warteten. Die

Menschen im Osten wollten und konnten es besser haben; und im Westen war die Bereitschaft zur Solidarität da und zum Teilen.

In Europa ist das derzeit anders: Im Süden und auch im Westen der EU sind die Zweifel der Menschen daran, dass sie es in Europa besser haben werden, massiv. Ihre Ängste wachsen, dass in und mit Europa ihre schon erworbenen Rechte und Lebenschancen verlorengehen könnten. Wenn die Bürgerinnen und Bürger in Athen oder Madrid sich genau deswegen demokratisch erheben, wenn sie protestieren und Solidarität einfordern, weckt das in Deutschland (anders als einst bei den Montagsdemonstrationen in Leipzig) nicht Hoffnung, sondern Angst – Angst vor einem Abstieg im eigenen Land. Das könnte dazu führen, sich in den eigenen und gewohnten staatlichen Strukturen einzuigeln und dann zu überwintern.

Das sind die Gefahren, die seit Jahren an Europa fressen. Die Menschen in ganz Europa müssen daher wieder neu lernen, was sie schon einmal gewusst haben: dass Europa ihre Zukunft ist. Helmut Kohl hat es 1996 so gesagt: »Europa ist für uns kein Luxus, sondern ein Stück Existenzsicherung für die Zukunft.« Das werden die Bürger Europas dann glauben, wenn sie spüren, dass Europa nicht nur den Banken und dem Euro, sondern auch ihnen Sicherheit gibt. Soziale Sicherheit schafft Heimat. Und wenn Europa Heimat geworden ist, dann werden die Deutschen und Italiener, die Spanier, Belgier, Österreicher, die Ungarn und Griechen, dann werden die Völker Europas das europäische Sternenbanner nicht mehr nur neben ihren nationalen Fahnen flattern lassen; dann werden sie sich die europäischen Sterne auf ihre Fahnen sticken. Das wird dann der Tag der Europäischen Einheit sein. Wem das Glück wohl will, dem kälbert der Ochs – so sagt es das alte Bauernsprichwort. Deutschland hat in den Jahren 1989/90 dieses Glück gehabt. Europa kann es noch brauchen.

Das Grundgesetz braucht einen Partner, es braucht neben sich eine starke europäische Verfassung, ein europäisches Grundgesetz. Ich wünsche mir ein starkes deutsches und ein starkes europäisches Grundgesetz, Verfassungen, die sich gegenseitig stärken, so sehr, dass sie neue Gefahren meistern. Die erste große Gelegenheit zur Stärkung und Modernisierung des Grundgesetzes hat die Bundesrepublik verpasst. Das war nach der deutschen Einheit. Die Bundesrepublik sollte nun nicht auch noch die zweite Chance verpassen, die sich im Zuge der europäischen Vereinigung ergibt.

Das Grundgesetz hat damals, 1989/90, leider keinen ausdrücklichen Beitrag geleistet zur Integration der ostdeutschen Bürger in den Staat des Grundgesetzes;

der Beitritt der DDR nach dem alten Artikel 23 Grundgesetz galt dem Westen der Republik ja schon als Vollendung der Einheit. Und das Grundgesetz war im Verständnis der Regierung Kohl die durch den Beitritt nobilitierte, also vollendete Verfassung Deutschlands. Deswegen blieben alle Anläufe zu einer Verfassungsreform vergeblich; deswegen hatten die Bürgerrechtler aus dem Osten keine Gelegenheit, ihre Erfahrungen, ihre Erkenntnisse, ihr Lebensgefühl ins Grundgesetz einzubringen; deswegen blieb das, was die runden Tische formulierten, belächelte Fingerübung. In der Verfassungskommission von Bund und Ländern, die in den Jahren 1992 und 1993 den im Einigungsvertrag formulierten Auftrag hatte, das Grundgesetz zu reformieren, wurde von den Regierungsparteien alles, was irgendwie nach Osten klang, abgebürstet. Die SPD stellte 1992 den Antrag, das »Bestreben, die innere Einheit Deutschlands zu vollenden«, wieder in die Präambel zu schreiben – es fand dies keine Mehrheit. Die Aufnahme einer solchen Staatszielbestimmung, so hieß es ablehnend, »könnte dahingehend missverstanden werden, dass die Politik eine Vollendung der Einheit in absehbarer Zeit nicht für möglich halte und deshalb zur dauerhaften Staatsaufgabe erkläre«. Man könne aber »davon ausgehen, dass dieses Ziel in mittelfristiger Zeit erreicht werde«.

Chancenlos war auch der Antrag des Ost-Abgeordneten und Pfarrers Wolfgang Ullmann vom Bündnis

90, der im Grundgesetz die besondere Verpflichtung gegenüber den Opfern deutscher Gewaltherrschaft hervorheben, auf die Leistung der demokratischen Revolution hinweisen und sodann ans Ende der Präambel die Entschlossenheit schreiben wollte, »ein demokratisches und solidarisches Gemeinwesen zu erneuern, in dem das Wohl und die Stärke aller aus dem Schutz der Schwachen erwächst«. Nein, das war dem Westen, das war dem Parlament damals in Bonn zu ostdeutsch. Das schmeckte nach zu viel, nach einer Neugründung der wiedervereinigten Republik – die ja angeblich schon »vollendet« war.

Die Verfassungsdiskussion leistete also keinen Beitrag zur Integration der ostdeutschen Bürger in den neuen gesamtdeutschen Staat. Das Grundgesetz blieb so, wie es vorher gewesen war; die Verfassungskommission der Jahre 1992/93 war kein Marktplatz für ostdeutsche Erfahrungen, kein Forum für gesellschaftliche Selbstverständigung.

Die Möglichkeiten, die die Wiedervereinigung für die Stärkung des Grundgesetzes geboten hätten, wurden also nicht genutzt. Das strikt repräsentative System des Grundgesetzes wurde nicht durch mehr Volks- und Bürgerbeteiligung gelockert. Die Forderung nach direkter Demokratie galt nämlich der konservativen politischen Mehrheit im Bundestag als Angriff auf die Stellung der Repräsentanten der repräsentativen Demokratie. Mehr Demokratie, so hieß es, gefährde die Demokratie. Solche Argumentation ist darauf aus, die Angst des Volkes vor sich selbst zu wecken. Indes: Dieses Volk hat in der DDR das Regime abgeschüttelt. Wer mündig genug ist, den Staat aus dem Totalitarismus in die Demokratie zu führen, der braucht sich einen Mangel an Reife nicht vorwerfen zu lassen. Und wer es, wie die Menschen im Westen, fertiggebracht hat, seinen Repräsentanten ökologische Verantwortung beizubringen, der ist auch reif genug, sich ab und zu in einer Volksabstimmung äußern zu dürfen.

Mehr Demokratie für Deutschland und die EU

Europa bietet nun die zweite Chance für solche Überlegungen. Europa erlebt historische Tage, Wochen, Monate. Früher wurden historische Tage von Kanonaden eingeleitet; sie hatten stets etwas mit Krieg und Sieg und Niederlage zu tun. Weil das so im kollektiven Gedächtnis gespeichert ist, hat man der Euro-Krisenzeit ihre Historizität nicht unbedingt angemerkt: Es kracht nichts – nur der Euro knarrt, Griechenland ächzt, Italien stöhnt, Spanien klagt, Zypern seufzt. Um den Euro zu stützen, hat der Bundestag Bürgschaften für ungeheuerliche Summen geleistet. Sie alle dienen nicht nur der Stabilisierung, sondern auch der Erweiterung der Europäischen Währungsunion; aus ihr wird eine Wirtschaftsunion, eine Transferunion – also ein Staat. Der Weg dahin ist offensichtlich mit Bürgschaften gepflastert. Es ist dies aber ein Weg, der den alten Boden des Grundgesetzes verlässt, der also insoweit eine neue verfassungsrechtliche Grundlegung und eine Abstimmung, die Zustimmung des Souveräns, braucht.

Ist das schlecht? Nein. Im Gegenteil: Es ist gewiss nicht das Schlechteste, was man über Deutschland sagen kann, wenn auf diese Weise die europäische Solidarität den Vorrang vor nationaler Selbstbehauptung erhält. Das Grundgesetz hat, neben vielem anderen Guten auch den Weg nach Europa gewiesen: »Im Bewusstsein seiner Verantwortung vor Gott und den Menschen, von dem Willen beseelt, als gleichberechtigtes Glied in einem vereinten Europa dem Frieden der Welt zu dienen«, heißt es in der Präambel des Grundgesetzes.

Das Grundgesetz war ein Wegweiser zu den europäischen Sternen. Die deutsche Politik ist dieser Weisung gefolgt, nicht immer auf geradem Weg. Sie hat Vertrag um Vertrag unterschrieben, Verträge, die den Namen verschiedenster europäischer Städte tragen – Rom, Brüssel, Luxemburg, Den Haag, Maastricht, Amsterdam, Nizza, Lissabon – und schon mit dieser Aufzählung lässt sich zeigen, wie weit man gekommen ist.

Das Grundgesetz sperrt sich nicht gegen Europa, im Gegenteil: Es ist quasi in die Europafahne eingewickelt. Es hat den Deutschen den Weg nach Europa gewiesen; es war der Kompass. Man wirft den Kompass nicht weg, nur weil man dem Ziel nahe ist. Einen Kompass braucht man immer wieder. Man kann Europa gewinnen und zugleich das Grundgesetz bewahren – beides mit mehr Demokratie.

Europa braucht mehr Demokratie, das Grundgesetz auch. Europa braucht eine demokratische Verfassung, die zum Ausdruck bringt, dass bei der Addition von achtundzwanzig Demokratien keine verkümmerte, sondern eine potente Demokratie herauskommt. Und in Deutschland muss endlich praktiziert werden, was im Grundgesetz steht, aber bisher nie beachtet worden ist: Die Staatsgewalt wird (nicht nur in Wahlen, sondern auch) in Abstimmungen ausgeübt. Eine solche Abstimmung muss es in nützlicher Frist über Europa geben, über ein demokratisch verfasstes Europa.

Deutschland ist daher insoweit am Ende des alten Grundgesetzes angelangt – in einem ganz buchstäblichen Sinn. Buchstäblich deshalb, weil der letzte Artikel vorschreibt, wie es weitergehen muss; Artikel 146 verlangt einen Volksentscheid für den Fall, der jetzt eintritt: Die Grundprinzipien des alten Grundgesetzes können nur mit einer neuen Verfassung geändert und fortentwickelt werden. Und nur auf dem Weg des Volksentscheids darf die deutsche

Staatlichkeit substanziell eingeschränkt und an Europa übertragen werden.

Noch mehr Europa gibt es nur mit einem geänderten Grundgesetz und der Zustimmung des Volkes. Und nur unter dieser Nummer: 146 Grundgesetz. Die Euro-Rettungsaktionen haben diesen Artikel, die letzte Seite des Grundgesetzes, aufgeschlagen. Diese Erkenntnis ist in den Milliardengebirgen der Bürgschaften untergegangen; aber es ist so. Und es ist auch aus den letzten Europa-Urteilen des Verfassungsgerichts herauszulesen. Es sind wirklich historische Tage. Sie werden nicht von Kanonaden, sondern von Bürgschaften begleitet.

Es wird also künftig zwei Grundgesetze geben müssen: erstens ein neues europäisches Grundgesetz, nämlich ein EU-Statut, in dem etwa das Verhältnis von Europäischem Parlament, Rat und Kommission gut geregelt wird. Und zweitens das alte deutsche Grundgesetz, das den Menschen ans Herz gewachsen bleibt, das Kraft und Geltung behalten muss. Es wird ein durch Plebiszite gebilligtes Neben- und Miteinander dieser Grundordnungen und Staatlichkeiten geben. Zwei Liebesbriefe sind besser als einer. Und beide Grundgesetze, das deutsche und das europäische, werden verbunden werden müssen durch die Abstimmung und die Akzeptanz des Souveräns, also des Volkes. Noch einmal: Deutschland braucht das Plebiszit; Europa braucht es auch.

Es gab einmal eine Verfassung, die ihren Glanz im

Namen trug; sie hieß »Goldene Bulle« und stammt aus dem Jahr 1356. »Bulle« ist ein alter Name für Urkunde, und die Goldene Bulle war die Verfassung des Heiligen Römischen Reiches Deutscher Nation. Golden hieß sie, weil ihr Wachssiegel in einer goldenen Kapsel steckte. Das Grundgesetz hat noch niemand als »Goldenes Grundgesetz« bezeichnet, obwohl es diesen Namen verdient hätte – wegen seines Inhalts. Das Demokratieprinzip, das Rechtsstaatsprinzip, das Sozialstaatsprinzip, auch das der Bundesstaatlichkeit – das sind die Goldbarren des Grundgesetzes. Mit diesen Goldbarren ist nun seit Jahrzehnten gearbeitet worden. Sie wurden gewalzt und gehämmert, das Verfassungsgericht war daran wesentlich beteiligt. Ein Gramm Gold ergibt, zu Blattgold verarbeitet, einen halben Quadratmeter Fläche. So ähnlich war es mit den Garantien und Prinzipien des Grundgesetzes: Sie haben die ganze Bundesrepublik vergoldet. Nun hat Blattgold zwar die Eigenschaft, dass man es fast unendlich dünn machen kann – aber für ganz Europa reicht es nicht.

Das Grundgesetz in seiner heutigen Fassung reicht nicht mehr aus, um immer höhere Milliardenbürgschaften für den Euro und für die Nachbarländer zu gewähren. Es reicht nicht mehr aus, um damit die europäische Zukunft zu sichern. Das Grundgesetz ist zwar sehr europafreundlich; aber es ist für Deutschland gemacht, nicht für Europa. Es konstituiert die

Staatlichkeit der Bundesrepublik, nicht die der Europäischen Union. Es ist die Lebensordnung der Deutschen, nicht die der Europäer. Es bindet die deutschen Gewalten, nicht die in Europa. Es sichert die Gewaltenteilung in der Bundesrepublik, nicht die in der EU. Es ist Basis für die deutsche Demokratie, nicht Grundlage für eine europäische. Weil aber das Grundgesetz ein weises Gesetz ist, hat es den Weg nach Europa gewiesen. Es hat nun insoweit – und nur insoweit – seine Aufgabe erfüllt. Ein Wegweiser kann zum Ziel weisen. Eine Landkarte für den Ort, zu dem er gewiesen hat, ist er nicht. Die muss noch gezeichnet und geschrieben werden.

Europa als Schutzgemeinschaft für die Bürger

Europa ist die Verwirklichung so vieler alter Friedensschlüsse, die den Frieden dann doch nicht gebracht hatten. Die Europäische Union ist das Ende eines fast tausendjährigen Krieges, den fast alle gegen fast alle geführt haben. Sie ist ein unverdientes Paradies für die Menschen eines ganzen Kontinents. EU ist das Kürzel für das goldene Zeitalter der europäischen Historie. Das stimmt, ganz sicher – und doch werden solche feierlichen Sätze zu Wortgeklingel, wenn und solange die Menschen diese EU nur als Nutzgemeinschaft für die Wirtschaft, aber nicht als Schutzgemeinschaft für die Bürger erleben. Sozialpolitik ist nicht einfach ein Annex des Ökonomischen, sie darf es nicht sein; Sozialpolitik ist eine Politik, die Heimat schafft, sie erst macht aus einem Staatsgebilde, aus einer Union eine Heimat für die Menschen, die darin leben. Das bedeutet: Die demokratischen und sozialen Rechte in Europa dürfen nicht unter dem Diktat der Schulden dezimiert, minimiert und abgeschafft werden – so wenig wie Persönlichkeitsrechte und Datenschutz unter dem Diktat der Sicherheit abgeschafft werden dürfen. Wenn es in der Europäischen Union faktisch zum obersten Prinzip wird, die Bedienung der Schulden, also die Befriedigung der Großgläubiger, sicherzustellen, dann werden die Grundrechte zu Bettlern.

Mit Geld kann man Europa gestalten, man kann es auch verunstalten und zerstören. Es gibt ein eklatantes Missverhältnis zwischen der Hektik der Spardiktate, die über die Südländer der EU verhängt werden, und der Apathie, wenn es um die Zähmung des Finanzkapitalismus geht. Europa erleidet die Folgen der Alters- und Anti-Aging-Exzesse des Kapitalismus. Die Bankenkrise wurde bewältigt und gelöst, indem sie zu einer »Staatsschuldenkrise« umdefiniert wurde: Neunzig Prozent der griechischen Schuldtitel lagen vor 2010 bei Banken, Hedgefonds und anderen privaten Gläubigern. Ab 2010 bekam Griechenland Hilfskredite in Höhe von 188 Milliarden Euro vom EU-Rettungsschirm und dem Internationalen Währungsfonds ausgezahlt. Und währenddessen kam es im Jahr 2012 zu einer großen Umwandlung: Es befinden sich nur noch zehn Prozent der Gesamtschulden in den Händen von privaten Gläubigern. Für 90 Prozent der ehemals privaten Schuldtitel garantieren oder haften jetzt – direkt oder indirekt – die europäischen Steuerzahler. Europa wurde missbraucht, um die Finanzkapitalisten zu bedienen.

Die Griechen als Schuldner. Shakespeare hat in seinem »Kaufmann von Venedig« die archaische Vorstellung aufgegriffen, dass man Schulden auch mit einem Teil seines Körpers begleichen könne. Generationen von Interpreten, auch aus der Juristerei, haben sich mit dem Fall befasst. Der Geldverleiher Shylock besteht auf seinem ihm vertraglich eingeräumten Recht, aus seinem säumigen Schuldner, dem Kaufmann Antonio, ein Pfund Fleisch herauszuschneiden. Die Zunft der Juristen hat viele Jahrzehnte über die Wirksamkeit des Geschäfts und den Urteilsspruch gestritten. Der Rechtsgelehrte Rudolf von Jhering vertrat in seiner berühmten Schrift »Der Kampf ums Recht« die Auffassung, dass der Anspruch des Shylock wegen Sittenwidrigkeit nicht bestünde. Wenn das Schuldversprechen des Antonio aber wirksam sein sollte, wie es der weise Daniel (Portia) entschied, so habe Shylock auch das Recht, ein Pfund Fleisch aus Antonio herauszuschneiden. Wenn das Rechtsgeschäft aber nicht sittenwidrig, sondern wirksam war, so Jhering, »so war es ein elender Winkelzug, ein kläglicher Rabulistenkniff, dem Manne, dem er (Daniel) bereits das Recht zugesprochen hatte, vom lebenden Körper ein Pfund Fleisch auszuschneiden, das damit nothwendig verbundene Vergiessen des Blutes zu versagen«. Es habe sich beim abschließenden Spruch der Portia um Rechtsbeugung gehandelt.

Dieser Meinung setzt der Rechtsgelehrte Josef Kohler seine These entgegen: »Es ist ein gutes Urtheil, aber mit schlechten Entscheidungsgründen, aber immer noch besser als ein solches, als ein schlechtes Urtheil mit guten Entscheidungsgründen.« Nach Kohler verlangte die Rechtsentwicklung zur Zeit des »Kaufmanns von Venedig«, dass ein Fleischpfand nicht mehr einklagbar sein kann.

Ob sittenwidrig, ob nicht einklagbar: Das sind juristische Feinheiten. Es wird jedenfalls als intolerabel beschrieben, dass Schulden mit »Fleisch« bezahlt werden. Und der Spruch von Daniel alias Portia, der das unmöglich macht, wird vom Juristen Josef Kohler in seinem Shakespeare-Buch als »Sieg des geläuterten Rechtsbewußtseins über die finstere Nacht« beschrieben.

Wenn es also archaisch und sittenwidrig ist, dass Schulden mit Fleisch bezahlt werden – was ist dann von den Lasten, den Einschnitten und den scharfen

Sparmaßnahmen zu halten, die Griechenland und den anderen EU-Südländern auferlegt worden sind? Die massiven Sparmaßnahmen hatten und haben besorgniserregende Folgen für die Gesundheit. Viele Menschen können nicht mehr ordentlich medizinisch versorgt werden, die Selbstmordraten steigen. Ist das eine Art neues Fleischpfand, das für die Schulden bezahlt werden muss?

Die EU-Troika hat bestimmt, dass öffentliche Ausgaben für Gesundheit in Griechenland nicht mehr als sechs Prozent des Bruttosozialprodukts betragen sollen – mit der Folge, dass die Ausgaben für Medikamente und Gesundheitsleistungen um 25 Prozent zurückgefahren wurden. Die Zahl der Krankenhausbetten wurde reduziert. Es wurden keine neuen Ärzte mehr eingestellt. Krankheiten breiteten sich wieder stärker aus. In Griechenland kam es zu besorgniserregenden Anstiegen von HIV-Neuinfektionen, Tuberkulose und Malaria. Die Säuglingssterblichkeit nahm um 43 Prozent zu. Die Versorgung von Patienten, die nach einem Unfall oder einer Operation auf Blutkonserven angewiesen sind, war in Griechenland ohnehin seit Jahren schwierig; nun wurde sie desaströs. Die Bevölkerung büßte für die Schulden des griechischen Staates – mit Fleisch und Blut. Wo ist da der »Sieg des geläuterten Rechtsbewusstseins«? Kaum ein Krankenhaus in Griechenland kann die europäischen Mindeststandards einhalten. Regelmäßig zeigt das griechische Fernsehen Bilder bettelnder und flehender alter Menschen vor Kliniken oder Apotheken in Athen oder Thessaloniki. Das waren und sind Warnbilder. Die Botschaft: Wehe dem, der in Griechenland ernsthaft krank wird. Wo bleibt da der weise Daniel, wo bleibt die Portia, die hier eingreift?

Jeder, der den »Kaufmann von Venedig« sieht, sagt, es sei intolerabel, dass Schulden mit Fleisch bezahlt werden. Wo bleibt dieses Rechtsbewusstsein, wenn es um die Euro-Schulden geht? Sollen sie mit Leben und Gesundheit bezahlt werden? Schutzschirme sind für Banken und Euro aufgespannt worden. Aber: Gerettet wurden und werden nicht Menschen. Gerettet werden Schuldverhältnisse, Finanzbeziehungen, Machtgefüge, Wirtschaftssysteme; sie sollen überleben. Ob und wie Menschen dabei überleben, ist offenbar sekundär.

So vielen Griechen und Millionen von arbeitslosen Jugendlichen in den EU-Südländern ergeht es wie Gustl Mollath, dessen Fall in Deutschland so viele Menschen erregt hat: Mollath wurde zur angeblichen »Sicherung und Besserung« (so nennt man diese Maßnahmen in der Juristerei) in die Psychiatrie eingewiesen – wo sich alles verschlechterte. Rette sich, wer kann vor solcher Rettung!

Die Gesellschaften etlicher EU-Staaten sehen sich in einem Spiel, das so ähnlich funktioniert wie die

»Reise nach Jerusalem«. Die Teilnehmer stellen sich dabei neben Stühlen auf, die im Kreis angeordnet sind. Sobald die Musik ertönt, laufen alle im Kreis um die Stühle herum. Wenn die Musik abbricht, muss jeder versuchen, sich möglichst schnell auf einen freien Stuhl zu setzen. Im Spiel scheidet stets einer aus, weil immer eine Sitzgelegenheit zu wenig aufgestellt ist.

Im wahren Leben ist es viel schlimmer: In Spanien, Großbritannien, Italien oder Deutschland gibt es große Unterschiede darin, wie viele Stühle aufgestellt und wie viele zu wenig sind. Und weil die Musik zu selten spielt, bleiben die sitzen, die schon sitzen, und die stehen, die schon stehen. Eine mobile Gesellschaft ist das nicht. Es ist eine, in der Junge kaum Chancen haben.

Das Finanzmarkt-Orakel

Früher befragten die Griechen das Orakel von Delphi. Heute befragt Europa die Finanzmärkte. Man kann darüber streiten, was besser ist. Die Kommunikation mit dem Orakel jedenfalls war einfacher. Im Übrigen hatte das alte Orakel interessantere Antworten parat als heute die Finanzmärkte. Es sagte nicht immer nur: sparen, sparen, sparen. Aber angeblich ging und geht es nicht anders in der Euro-Krise: Es muss, so hieß und heißt es, einfach durchregiert werden; die Märkte, hörte und hört man, warten nicht.

Das erste Gebot der EU-Krisenpolitik lautet daher: Es ist keine Zeit zu verlieren.

Das zweite: Die Rettungsschirme müssen immer größer werden.

Das dritte: Keine Rücksicht nehmen auf die Parlamente.

Das vierte: Erst kommt der Markt, dann kommt der Mensch.

Das fünfte: Die alten demokratischen Regeln sind untauglich für das neue Europa. Die Krise sei nun einmal, so die Begründung, die Stunde der Exekutive.

Das Problem dabei ist: Die Euro-Krise dauert nicht eine Stunde, sondern schon Jahre. Dutzende EU-Gipfeltreffen, allesamt sogenannte Krisengipfel, haben die Parlamente an den Rand gedrängt. Die Demokratie ist ver-rückt (ge-)worden. Der Einfluss des Parlaments, der zentralen Orte der Demokratie, hat in unglaublicher Weise abgenommen. Die parlamentarische Demokratie im Krisen-Europa ist notleidend. Am EU-Parlament gehen alle Rettungsmaßnahmen komplett vorbei, die europäischen Volksvertreter sind nur Zuschauer. Den nationalen Parlamenten geht es wenig besser; die dortigen Volksvertreter dürfen immerhin genehmigen, was ihre Regierungen beschlossen haben. Der Bundestag darf jeweils »Passt schon« sagen zu dem, was eigentlich nicht passt: zur

Entparlamentarisierung der Politik, die im Lauf der Euro-Krise vom schleichenden ins galoppierende Stadium übergegangen ist.

Das deutsche Bundesverfassungsgericht hat immer wieder versucht, rettend einzugreifen. Die Karlsruher EU-Entscheidungen haben den Bundestag, der sich in EU-Angelegenheiten selbst entmachtet hatte, wieder in sein Recht gesetzt. Die Verfassungsrichter in Karlsruhe haben immer wieder das nationale Parlament zu stärken versucht. Aber diese Methode ist ausgereizt. Der Bundestag kann die demokratische Kontrolle von gewaltigen EU-Rettungsprojekten nicht gewährleisten. Die Europäische Währungsunion erlebt eine evolutionäre Revolution. Die nationale Demokratie hat, was Europa betrifft, keine Gestaltungskompetenz mehr, sondern nur noch Verweigerungskompetenz; sie kann, wenn sie sich sehr anstrengt, nein sagen zu EU-Großprojekten. Aber das reicht nicht; mit einer Notbremse kann man nicht steuern.

Die EU-Projekte verlangen nicht mehr nur nach nationaler, sondern nach europäischer Demokratie. Und hier hat sich das Bundesverfassungsgericht in Karlsruhe auf törichte Weise selbst in die Ecke gestellt. Es hat in mehreren Entscheidungen die europäische Demokratie nicht ermuntert, sondern bekrittelt, es hat das Europäische Parlament verspottet; es hat ihm vorgeworfen, noch kein richtiges Parlament zu sein (und deswegen sowohl eine Fünfprozentklausel, als auch eine Dreiprozentklausel für die Europawahl in Deutschland aufgehoben), aber nichts dazu gesagt, wie es zu einem starken Parlament wird. Karlsruhe hat negative, nicht positive Kritik geübt. Das Verfassungsgericht hat sich auf diese Weise im Turm der schwarz-rot-goldenen Demokratie eingemauert. Es hat das europäische Weltwunder nicht gewürdigt. In der Antike gab es sieben Weltwunder. Heute gibt es ein einziges: Es heißt Europäisches Parlament; es ist die weltweit einzige direkt gewählte supranationale Institution.

Das Bundesverfassungsgericht hat noch große Aufgaben vor sich: Es muss erstens seinen Weg zur europäischen Demokratie finden und zweitens möglichst bald judizieren, dass die Politik die Bürgerinnen und Bürger für mündig halten soll. Wer die Bürger nach 65 Jahren Grundgesetz noch immer für zu dumm hält, bei EU-Angelegenheiten mitzureden, der muss sich nicht wundern, wenn es den Bürgern mit Europa zu dumm wird. Demokratie ist keine Veranstaltung nur für gute Zeiten. Sie muss sich auch in Krisenzeiten bewähren. Wer die Parlamente – zur angeblichen Bewältigung von Krisen – umgeht oder abschaltet, der verstärkt die Krise, die er bewältigen will. Und wer den Bürgern nicht traut, der muss sich nicht wundern, wenn die Bürger ihm nicht trauen. Viele Politiker denken, manche sagen es auch, um so möglichst wenig begründen zu müssen: Not kennt kein Gebot. Das ist falsch. Es ist anders: Not kennt ein Gebot. Es heißt Demokratie. Sie ist wichtiger als der Euro.

Wer seinen Nationalstaat als Heimat erlebt hat, der will daraus nicht vertrieben werden. Er will, wenn die Heimat Nationalstaat zu schwach wird, Europa als zweite Heimat. Wenn also in europaweiten Protesten Demonstranten immer wieder von ihren Regierungen fordern, in einer globalisierten Welt für ein gewisses Maß an ökonomischem Anstand zu sorgen, dann ist das nicht unbillig. Regeln für ein sozialverträgliches Wirtschaften gehören zum inneren Frieden. Der Sorge um diesen inneren Frieden Rechnung zu tragen – das gehört zu den Grundaufgaben der Europäischen Union.

Juristischer Olymp

Vor fünfzig Jahren stand Europa für eine grenzenlose Zukunft; es darf nicht sein, dass Europa heute für grenzenlose Unsicherheit steht. Viele Bürgerinnen und Bürger haben das beklemmende Gefühl, dass die EU zwar für die klassische äußere und innere Sicherheit steht, dass sie für Handel und Wandel von Vorteil ist, dass jedoch die sozialen Belange bei ihr nicht gut aufgehoben sind. Ja, es besteht die Furcht, dass im grenzüberschreitenden freien Wettbewerb, den die

EU propagiert, das Soziale immer mehr unter die Räder gerät, weil die unterschiedlichen Sozialniveaus in den einzelnen Mitgliedsstaaten bei offenen Grenzen erstens zum Sozialdumping einlädt und zweitens zur Nivellierung der nationalen sozialen Absicherung (Tendenz nach unten) führt.

Wenn es dieses Gefühl gibt, und es gibt dieses Gefühl, dann reicht es nicht, von den Bürgern Dankbarkeit zu verlangen dafür, dass es die Europäische Union gibt. Europa braucht nicht nur Verträge, es braucht auch das Vertrauen seiner Bürger. Zu diesem Vertrauen kann und muss aber auch die Änderung von Verträgen beitragen – vor allem die Änderung des Lissaboner Vertrags, der dem Wettbewerbsprinzip quasi Verfassungsrang verleiht und die Konkurrenz unter den Mitgliedsstaaten festschreibt.

Die europäischen Nationalstaaten verlieren ihre Fasson, aber die Europäische Union hat sie noch nicht gewonnen. Die EU gewinnt an Größe, aber nicht an Stärke. Die sozialstaatlichen Ordnungen bröckeln und brechen, und die EU tut viel zu wenig, um sie zu stabilisieren. Die EU gründet sich, allem anderen Gerede zum Trotz, nicht auf drei starke Säulen, sondern nur auf eine einzige: die Wirtschafts- und Währungsunion.

Oder, um ein anderes Bild zu gebrauchen: Das soziale Bein Europas ist verkümmert, die EU zieht es hinkend hinter sich her. Wäre die Union ein Staat, sie wäre nach der Bevölkerungszahl der drittgrößte Staat der Welt – 500 Millionen Menschen. Die meisten Menschen in Europa spüren die potenzielle Stärke dieses großen Europa nicht: Sie wollen eine Union, die ihnen hilft, die ihnen die Angst vor Arbeitslosigkeit und vor Billigkonkurrenz nimmt. Sie wollen eine Union, die eine Schutzgemeinschaft ist.

Auf solche Forderungen wird in der politischen Diskussion üblicherweise so geantwortet: Die EU sei für Freiheit und Wettbewerb da, die Nationalstaaten hätten für das Soziale zu sorgen. Die Sozialpolitik, so heißt es, gehöre nun einmal im Lichte des Subsidiaritätsgrundsatzes auf die mitgliedschaftliche Ebene. Dafür spricht in der Tat einiges. Aber eine solche Aufgabenteilung kann nicht funktionieren, wenn die EU vor allem die Vorfahrt für die Wirtschafts- und Wettbewerbsfreiheit propagiert. Dann wird nämlich die Sozialpolitik der Mitgliedsstaaten, dann werden die nationalen Sozialpolitiken als Hindernisse betrachtet, die beiseitegeräumt werden müssen nach dem Motto: freie Bahn der Freizügigkeit, freie Bahn der Dienstleistungsfreiheit, freie Bahn dem Waren- und Kapitalverkehr und weg mit allem, was dabei stört.

Vor allem der Europäische Gerichtshof in Luxemburg scheint noch in diesem Denken verhaftet zu sein: Der Gerichtshof agiert und urteilt oft so, als wäre er noch der Gerichtshof der Europäischen Wirtschaftsgemeinschaft, als habe er noch nicht gemerkt, dass aus der EWG die EU geworden ist. Dem Europäischen Gerichtshof in Luxemburg fehlt noch die soziale Sensibilität, die das Bundesverfassungsgericht auszeichnet. Vor einiger Zeit hat der Europäische Gerichtshof Bund, Ländern und Gemeinden verboten, öffentliche Aufträge daran zu koppeln, dass die beauftragten Firmen den örtlichen Tarifvertrag einhalten. Das höchste EU-Gericht verwies darauf, dass man ja einen Tarifvertrag für allgemeinverbindlich erklären könne. Das weniger weit gehende Mittel – die Bindung einzelner öffentlicher Aufträge an soziale Grundsätze – nahm das EU-Gericht dem deutschen Staat aber aus der Hand. Eine solche EU-Rechtsprechung fördert das Lohndumping. Das Bundesverfassungsgericht in Karlsruhe hatte im Jahr 2006 das Tariftreuegesetz gebilligt, weil die »Stabilität des Systems der sozialen Sicherheit« ein besonders wichtiges Ziel sei.

Diese Erkenntnis der Wichtigkeit des sozialen Systems muss beim Europäischen Gerichtshof in Luxemburg wachsen. Selbst das Streikrecht, das als Grundrecht in den Verfassungen vieler Mitgliedsländer verankert ist, muss derzeit in Luxemburg noch den wirtschaftlichen Grundfreiheiten weichen: Die unternehmerische Freiheit gilt als Haupt- und Grundfreiheit, das Streikrecht als Störung, die nur ausnahmsweise berechtigt ist.

Die sozialen Grundrechte brauchen einen Hüter. Das höchste EU-Gericht muss ein solcher Hüter sein. Es muss der juristische Olymp einer Union der Bürgerinnen und Bürger sein, es darf sich nicht als der juristische Olymp einer EWG, einer Europäischen Wirtschaftsgemeinschaft, betrachten. Die Europäische Union und ihr Gerichtshof in Luxemburg dürfen aus Europa keine europäische Unsozial-Union machen. Das wäre fatal, das wäre zerstörerisch.

Warum? Weil der Sozialstaat, weil die Sozialstaaten in Europa eine Erfolgsgeschichte hinter sich haben. Diese Erfolgsgeschichte hat in den verschiedenen EU-Staaten verschiedene Wegmarken. In Deutschland hat der Sozialstaat zunächst dafür gesorgt, dass Kriegsinvalide und Flüchtlinge einigermaßen leben konnten. Dann hat er dafür gesorgt, dass auch ein Kind aus kärglichen Verhältnissen studieren und später sogar Bundeskanzler werden konnte. Ohne den Sozialstaat hätte es nicht nur einmal gekracht in dieser Republik; der Sozialstaat hat soziale Gegensätze entschärft. Ohne ihn hätte es wohl auch keine deutsche Einheit gegeben. Und ohne eine gute Fortsetzung dieser Erfolgsgeschichte wird es keine europäische Einheit geben.

Es geht darum, die Essentialia dessen zu bestimmen, was der »soziale Fortschritt«, wie er im Lissabon-Vertrag beschrieben wird, umfassen soll. Sie wären dann der Ausdruck der sozialen Gerechtigkeit.

Der Europäische Gerichtshof in Luxemburg darf also nicht ein reiner Wettbewerbs-Gerichtshof sein und bleiben, er muss auch Hüter des Sozialen und Wächter des Gemeinwohls werden. Auf dem Papier zumindest ist die EU schon ein wenig sozial geworden: Im Artikel 3 des Lissabon-Vertrags ist nicht mehr nur von einem Europa die Rede, das auf ausgewogenes Wirtschaftswachstum und auf Preisstabilität setzt; in diesem Artikel 3 des Lissabon-Vertrags heißt es auch, dass auf eine wettbewerbsfähige soziale Marktwirtschaft hingewirkt werden soll, die auf Vollbeschäftigung und sozialen Fortschritt abzielt. In der Grundrechte-Charta der EU sind sogar soziale Grundrechte aufgeführt, die im Grundgesetz nicht genannt werden.

Man weiß noch nicht so recht, ob man dem sozialen Bekenntnis der EU trauen kann. Man kann einige Anhaltspunkte finden, die ein soziales Bekenntnis bekräftigen – aber auch viele Anhaltspunkte, die es entkräften. Der Lissabon-Vertrag schreibt einerseits von Vollbeschäftigung und vom sozialen Fortschritt; an anderer Stelle aber hat er wieder blinde Flecken, etwa dort, wo von den Werten der EU die Rede ist; da werden unter anderem die Demokratie und die Rechtstaatlichkeit genannt – aber die Sozialstaatlichkeit und die soziale Gerechtigkeit sucht man vergebens.

Demokratie muss man lernen, europäische Demokratie ganz besonders. Die Menschen in Europa wollen spüren, dass diese Europäische Union für sie da ist und nicht vor allem für Banken und den internationalen Handel. Sie wollen unter Sicherheit nicht nur die innere, sondern auch die soziale Sicherheit verstehen. Die Privatisierung von sozialer Verantwortung ist kein guter Weg für Europa. Diesen Weg sollte die EU so nicht weitergehen. Sie sieht noch immer fast alles durch die Brille der Wettbewerbsfreiheit. Deshalb kommen soziale Belange, deshalb kommt das Gemeinwohl zu kurz. Deshalb gingen die Anstöße für eine Privatisierung der Post, der Telekommunikation und der Bahn von Brüssel aus. Deshalb ist Brüssel stolz auf Privatisierungen, nicht aber der Verbraucher. Deshalb betrachtet die EU die öffentlich-rechtlichen Rundfunkanstalten, die öffentlichen Versorgungseinrichtungen oder auch die Krankenversicherungssysteme mit Skepsis, der Bürger aber mit Wohlgefallen.

Wenn der Staat seine Aufgaben abwirft wie der Baum die Blätter im Herbst, wenn sich der Staat immer kleiner macht, dann wird auch der Bereich, den die Wähler mitbestimmen können, immer kleiner. Zu viel Entstaatlichung wird so zur Gefahr für die Demokratie. In dem Maß zum Beispiel, in dem kommunale Versorgungsbetriebe entkommunalisiert werden, verliert die Kommune die Funktion, die sie hatte: Sie ist dann nicht mehr Schule der Demokratie, sondern Zwergschule. Gott sei Dank ist in den deutschen Kommunen die Zeit der Privatisierung der Daseinsvorsorge schon wieder vorbei.

Europa freilich muss noch lernen, dass nicht alle öffentlichen Güter dem privaten Wettbewerb zum Fraß vorgeworfen werden dürfen. Und die Rechtsangleichung in Europa darf nicht der Frage unterworfen werden, wie der Mensch noch fungibler für Wirtschaft und Wettbewerbsfähigkeit wird. Der Mensch ist nicht nur ein Homo oeconomicus, auch der Europäer nicht.

Der Homo faber novus mobilis

Zu den merkwürdigsten Abschnitten meines Lebens gehört der, den ich in Alfred Wunsiedels Fabrik zubrachte. Ich hatte mich der Arbeitsvermittlung anvertraut und wurde mit sieben anderen Leidensgenossen in Wunsiedels Fabrik geschickt, wo wir einer Eignungsprüfung unterzogen werden sollten. Ich wurde als Erster in den Prüfungsraum geschickt, wo auf reizenden Tischen die Fragebogen bereitlagen.

Erste Frage: »Halten Sie es für richtig, dass der Mensch nur zwei Arme, zwei Beine, Augen und

Ohren hat?« Hier erntete ich erstmals die Früchte meiner mir eigenen Nachdenklichkeit, und ich schrieb ohne zu zögern hin: »Selbst vier Arme, Beine und Ohren würden meinem Tatendrang nicht genügen. Die Ausstattung des Menschen ist kümmerlich.«

Zweite Frage: »Wie viele Telefone können Sie gleichzeitig bedienen?« Auch hier war die Antwort so leicht wie die Lösung einer Gleichung ersten Grades: »Wenn es nur sieben Telefone sind«, schrieb ich, »werde ich ungeduldig, erst bei neun fühle ich mich völlig ausgelastet.«

Dritte Frage: »Was machen Sie nach Feierabend?« Meine Antwort: »Ich kenne das Wort Feierabend nicht mehr – in meinem fünfzehnten Lebensjahr strich ich es aus meinem Vokabular, denn am Anfang war die Tat!« Ich bekam die Stelle.

Es handelt sich um eine Geschichte, die Heinrich Böll schon vor Jahrzehnten geschrieben hat. Es könnte sich um die Beschreibung einer Prüfung bei einer Sozial- und Arbeitsagentur im Jahr 2025 handeln. Verlangt wird der grenzenlos flexible, unbeschränkt belastbare Arbeitnehmer, unglaublich gesund, unglaublich robust und unglaublich leistungsfähig. Die Frage: Wollen wir eine solche Gesellschaft? Wollen wir ein Europa, in dem es überall so zugehen soll wie in Wunsiedels Fabrik – ein Europa, in dem die unbegrenzte Leistungsfähigkeit zählt und sonst nichts, in dem es nur um den Marktwert geht, in dem der Wert des Menschen und der Nationen nur am Lineal der Ökonomie gemessen wird?

Das Menschenbild der modernen Ökonomie ist der Homo faber mobilis. Der bloße Homo faber ist Vergangenheit. Er war der Mensch der Moderne. In der Postmoderne reicht es angeblich nicht mehr, wenn der schaffende Mensch einfach arbeitet. Er muss ein Homo faber mobilis sein, in höchstem Maß flexibel, mobil und anpassungsfähig. An der Arbeitslosigkeit ist danach angeblich nicht zuletzt derjenige selbst schuld, der keine Arbeit hat – wäre er genügend mobil, flexibel und anpassungsfähig, wäre er also nicht zu bequem, dann hätte er ja Arbeit. Viele Wirtschaftsinstitute und Politiker verlangen daher bereits nach einem neuen Menschen, dem Homo faber novus mobilis, dem Menschen also, der über seine Grenzen und Beschränkungen hinauswächst. Verlangt wird der perfekte Mensch.

Die Realität, im Nationalstaat wie in Europa, kennt da freilich gewisse Grenzen: Im Gegensatz zu den Schnecken trägt der Mensch seine Behausung nicht mit sich herum. Und er hat, auch deshalb, weil er im Gegensatz zu den Schalenweichtieren kein Zwitter ist, andere soziale Bedürfnisse, die sich unter anderem darin äußern, dass er einen Lebenspartner sucht, eine Familie gründet, im Sport- oder Gesangsverein aktiv ist, dass seine Kinder zur Schule gehen und Freunde haben. Das setzt der ganz großen und unentwegten Mobilität, das setzt der unbegrenzten Verfügbarkeit gewisse Schranken. Der »Wunsiedel-Mensch«, man kann ihn auch den »Agenda-2010-Menschen« nennen, ist offenbar anders: Er ist ein Mensch ohne Kinder, ohne Familie und ohne soziale Beziehungen. Der Idealtypus des europäischen Bürgers ist das gewiss nicht, er darf es nicht sein – und auch die EU darf nicht von so einem Menschenbild ausgehen.

Das europäische Sozialmodell

Europäisches Sozialmodell: Das heißt nicht, dass es europaweit gleich hohe Mindestlöhne geben soll oder europaweit das gleiche Arbeitslosengeld oder die gleichen Renten oder die gleichen Schulsysteme. Das heißt auch nicht, dass das Gesundheitswesen in ganz Europa auf die gleiche Art und Weise finanziert sein muss. Ein gesamteuropäischer, glatt gehobelt dünner Sozialstaat mit stromlinienförmigen Vorgaben aus Brüssel – das ist kein europäisches Sozialmodell, sondern eher eine Horrorvorstellung.

Europäisches Sozialmodell: Das ist etwas ganz anderes. Das ist die gemeinsame Vorstellung davon, dass soziale Ungleichheit nicht gottgegeben ist. Das ist guter Schutz und kluge Hilfe bei den großen Lebensrisiken, bei Krankheit, Arbeitslosigkeit und Pflegebedürftigkeit. Diese großen Lebensrisiken können nur wenige allein meistern, ohne in Not zu fallen.

Europäisches Sozialmodell: Das ist ein gemeinsames Koordinatensystem, in dem die Achsen Solidarität und Gerechtigkeit heißen – und in dem dann die einzelnen Staaten ihre jeweiligen Koordinaten finden und von Brüssel, Straßburg und Luxemburg dabei nicht behindert, sondern unterstützt werden. Europa funktioniert ja nicht schon dann, wenn das Räderwerk in Brüssel funktioniert, wenn eine Elite sich in Brüssel und Straßburg zu Hause fühlt. Europa braucht nicht nur Kommissare und EU-Beamte, Europa braucht mehr als nur Richtlinien. Europa braucht das Vertrauen seiner Bürger. Die Europäer brauchen auch einen Gerichtshof, dem sie so vertrauen können, wie die Deutschen dem Bundesverfassungsgericht in Karlsruhe vertrauen.

Es ist nicht ganz falsch, wenn die Kanzlerin sagt, »der Euro ist Europa«. Aber Europa ist sehr viel mehr als der Euro. Europa muss ein anderes Wort sein für Demokratie. Noch wichtiger als der Euro sind Sozialstaatlichkeit, Rechtsstaatlichkeit und Demokratie.

Teil 6

Die Apfelbaum-Demokratie

Auf dem Schlossplatz in Berlin soll ein Einheits-Denkmal aufgestellt werden; es heißt: »Bürger in Bewegung«. Eine himmelwärts gebogene Waagschale wird an 1989 und 1990 erinnern, die Besucher können diese Schale begehen und bewegen. Ein offizielles Denkmal für »Bürger in Bewegung« – das klingt so, als habe die offizielle Politik für Bürger in Bewegung viel übrig. Das stimmt aber nicht unbedingt. Die »Bewegung« des Bürgers wird üblicherweise erst dann gepriesen, wenn sie wunschgemäß verlaufen und wieder vorbei ist.

Die Proteste gegen die Pershing-Raketen im Hunsrück und gegen den Castor im Wendland zum Beispiel gehörten nicht unbedingt zu den Bewegungen, über die man sich in den Parlamenten freute – obwohl Gruppierungen wie die »Bäuerliche Notgemeinschaft« den Atomausstieg mit herbeidemonstriert haben. Auch die Menschen, die immer wieder gegen Stuttgart 21 protestiert haben, wurden nicht für ihr kritisches Engagement gelobt, sondern von vielen in die Parlamente gewählten Bürgern als verbohrte »Wutbürger« diskreditiert. In Deutschland ist die einzelgängerische Demokratie die gerngesehene Demokratie. Wenn sich die Individuen aber auf Straßen, Plätzen oder im Internet zusammentun, dann gilt das immer noch als eher suspekt.

Artikel 8 Grundgesetz, der die Versammlungs- und Demonstrationsfreiheit garantiert, bewahrt das Erbe der aufregenden Zeiten im 19. Jahrhundert, in denen die deutsche Demokratie auf den Straßen vorbereitet und erkämpft worden ist. Das Wissen darüber ist ziemlich verlorengegangen. Die staatlichen Reaktionen auf die bürgerlichen Proteste zeigen das deutlich. Ein braver Bürger hält angeblich den Mund und wird der repräsentativen Politik nicht lästig – das ist, entgegen anderslautenden politischen Sonntagsreden, immer noch herrschende politische Meinung. Der Bürger müsste aber willkommen sein, hoch willkommen: der Bürger, der mitreden und gestalten will, der das Gemeinwesen zu seiner Sache macht – »mit Hertzen, Mund und Händen«, wie es in einem alten Kirchenlied heißt. Die Demokratie braucht neue Kraft. Die repräsentative Demokratie braucht direkte Kräftigung.

Die Bürgerinnen und Bürger beispielsweise, die sich im Bund Naturschutz engagieren, haben seit 1969 viel bewegt. Damals begann der Bund Naturschutz, sich vom eher geselligen Verein zum politischen Interessenverband zu wandeln; seit damals legt er Wert auf seine Unabhängigkeit von Staat und Verwaltung; seit damals entwickelt der Bund Naturschutz seine eigenen Formen des legalen zivilen Ungehorsams – gegen Baumaßnahmen, Rodungen, gegen die Vermarktung von Natur. Seit damals haben sich die Mitgliederzahlen des Bundes Naturschutz multipliziert. Das würden die politischen Parteien von sich auch gerne sagen. Aber ohne Mobilität gibt es halt keinen Mobilisierungsschub. Die Erfolge des Bundes Naturschutz fußen nicht auf lautstarker Agitation, sondern auf kluger Aktion. Als die studentischen Achtundsechziger noch »Ho-Ho-Ho-Chi-Minh« riefen, kaufte der Bund Naturschutz schon Sperrgrundstücke. Wie ein guter bürgerlicher Widerstand aussieht: Das kann man im Bund Naturschutz erleben und erfahren. Was Bürger bewegen können, das hat dieser Bund Naturschutz in den vergangenen Jahrzehnten eindrucksvoll gezeigt. Oft bestand diese Bewegung im phantasievollen Widerstand gegen den Beton. Verhindern, dass eine vermeintlich goldene Zukunft herbeibetoniert wird – das ist, wie sich zeigt, eine Daueraufgabe. Es ging und geht darum, das Verschwinden von Natur zu verhindern, der Natur zu ihrem Recht zu verhelfen. Es geht darum, dass Kinder durch Erfahrung lernen dürfen, welcher Reichtum verschwände, wenn Klatschmohn, Kaulquappen, Bäche, Brachen und Tümpel immer weniger würden.

Der Spirit einer Zivilgesellschaft

Bürgerliche Unruhe ist eine produktive Unruhe. Der Unruhegeist ist ein demokratisches Elixier. Er ist der Spirit einer Zivilgesellschaft – die Anreger und Aufreger braucht. Ohne diesen Unruhegeist gäbe es zum Beispiel keinen Nationalpark Bayerischer Wald. Stattdessen gäbe es aber eine Donau-Staustufe in der Weltenburger Enge, eine Autobahn quer durch das Fichtelgebirge und noch ein paar Atomkraftwerke mehr in Bayern. Ohne diesen Unruhegeist wäre eine Energiewende in Deutschland nie angepackt worden. In den Bündnissen des Unruhegeistes findet und fand man Anschluss an die frühen demokratischen Jahre, an die zornigen Jahre, an die leider ziemlich vergessenen Jahre kurz vor der Mitte des 19. Jahrhunderts, an die Jahre also, als die Deutschen die Straße als den Ort des Protestes entdeckten, als sich Erbitterung und Empörung über Behörden, Majestäten und Fabrikherren Luft machten in Protestmärschen, Demonstrationen und Manifestationen. Die Menschen hatten beschlossen, sich nicht mehr alles gefallen zu lassen. Es war dies ein deutscher Rütlischwur.

Die Hungrigen, so war das damals, wogen in den Bäckereien das Brot nach; war es in Ordnung, zog man weiter, war es zu leicht, wurde es genommen und verteilt. In Hunderten Volksversammlungen wurde damals, zu Zeiten der bürgerlichen Revolution, über Gott und die Welt, den Straßenbau, die Industrieverschmutzung und über das allgemeine Wahlrecht gestritten. Diese Proteste damals waren eine politische Volks-Schule, die Arbeiter lernten zusammen mit den Studierten das Abc der demokratischen Rituale. Die Vertreter der herrschenden monarchischkonservativen Mächte wurden unruhig und schürten deshalb die Angst vor dem, was sie »Umtriebe« nannten. Sie schlugen die bürgerliche Revolution nieder: Ruhe war wieder Bürgerpflicht. Das blieb dann ziemlich lange so: Ruhe ist erste Bürgerpflicht, Unruhe eine Pflichtverletzung. Das wurzelt immer noch ein wenig im kollektiven Hintergrundbewusstsein. Unruhe hat einen schlechten Ruf in Deutschland. Unruhe wird in der Politik oft sehr schnell mit Gewalttätigkeit gleichgesetzt. Dabei ist Unruhe etwas anderes als Randale. Es gibt höchst sozialverträgliche, voranbringende Formen der Unruhe – sie tragen die innere Unruhe über gesellschaftliche Missstände protestierend auf die Straße oder ins Internet.

Man darf Unruhe nicht mit Unruhen verwechseln. Öffentliche Unruhe ist nicht per se gewalttätig, wie es die Autoritäten immer wieder glauben machen wollen. Das war 1832 nicht so, als die unruhigen Bürger aufs Hambacher Schloss zogen. Das war 1848 nicht so, als die wildesten Aktionen nicht etwa die Erstürmung von Rathäusern und Fabriken waren, sondern die Veranstaltung von Katzenmusiken vor den Häusern von Politikern und Fabrikherren. Deutschland hat Unruhe nie lang ausgehalten. Das war auch 1989 nicht so, als die Bürgerinnen und Bürger der DDR sich ihre Freiheit erkämpften und das verwirklichten, was schon die Revolutionäre von 1848 gewollt hatten: Einheit in Freiheit. Die Unruhe war friedlich, als Bürgerinnen und Bürger ihren Repräsentanten in den vergangenen Jahren mühselig ökologische Verantwortung beigebracht haben. Die gewalttätigsten Zeiten waren in Deutschland diejenigen, in denen der NS-Staat keinerlei bürgerliche Unruhe duldete.

Der Widerstand gegen die Bismarckschen Sozialistengesetze, der Sturz der Monarchie nach dem Ersten Weltkrieg, die Errichtung der ersten deutschen Demokratie, die großen Proteste gegen Wiederbewaffnung und Notstandsgesetze in der Bundesrepublik, die Zeiten der Unruhe also – in Deutschland hat das alles zu wenig Platz im öffentlichen Bewusstsein. Es war bisher so, als schäme man sich hierzulande für die Tage der demokratischen Fundamentalpolitisierung der Bürger. Vielleicht ändert sich das seit einiger Zeit – seitdem die Bürger mit der Verhinderung von umweltzerstörenden Monsterprojekten Erfolge feiern. Die Proteste gegen Wyhl, Wackersdorf und Gorleben waren und sind Exempel des Bürgermuts und der Zivilcourage. Und die Kirchenasylbewegung war und ist so etwas wie ein Exekutivorgan des Artikels 1 Grundgesetz: »Die Würde des Menschen ist unantastbar.« Solche Unruhegeister sind die Elite einer Gesellschaft.

»*Die da oben, die da unten*«

Die deutschen Milchbauern haben eine Verbandszeitschrift, die *Elite – Magazin für Milcherzeuger* heißt. Das ist anrührend anachronistisch, weil kein Mensch beim Wort »Elite« an Gras, an Kühe und an die Mühen der Herstellung von guten und gesunden Grundnahrungsmitteln denkt. »Elite« ist landläufig das Wort für »die da oben«, und der Bauer gehört eher zu »denen da unten«. Im Titel des *Magazins für Milcherzeuger* steckt also einerseits ein liebenswerter Anspruch, andererseits vielleicht ein bescheidener Protest – Protest dagegen, dass die Elite auf der anderen Seite der Gesellschaft verortet wird: dort, wo zum Beispiel die Großmanager sitzen und die Eigner der Großhandelsketten, die den Bauern Hungerpreise diktieren. Und so gibt das Milchbauern-Magazin nicht nur Auskünfte über die Fütterung der Kühe, sondern führt zu einer gesellschaftspolitisch fundamentalen Frage: Was macht eine Elite überhaupt aus? Geldfülle? Machtfülle? Genussfülle?

Geldfülle: Gehören zur Elite in Deutschland diejenigen, die auf der *Focus*-Liste der fünfhundert Reichsten in Deutschland aufgezählt sind?

Machtfülle: Gehören zur Elite in Deutschland all diejenigen, die in Regierungen und Parlamenten sitzen? Oder gehören dazu nur Vorstandschefs der Dax-Unternehmen, Ministerpräsidenten und Bundeskanzler?

Genussfülle: Gehören zur Elite diejenigen Stars und Sternchen, die bei Filmbällen und Bambi-Verleihungen im Blitzlichtgewitter auf dem roten Teppich herumtänzeln?

Geldfülle, Machtfülle, Genussfülle – macht das Elite also aus?

Wenn heute in Deutschland (und nicht nur dort) von »Eliten« gesprochen wird, folgt das Wort »Versagen« auf dem Fuß. »Eliteversagen« ist der Sammeltitel für Nachrichten aus den Bereichen Wirtschaft und Politik, der gemeinsame Nenner für Analysen und Kommentare zu Korruptionsaffären, zu Spitzel- und Selbstbedienungsskandalen.

Eliteversagen? Man könnte auch schlimmere Wörter dafür finden, wenn ein Spitzenmanager seinen Arbeitern erst abringt, auf Lohn zu verzichten, dann aber ihre Jobs ins Ausland verlagert; wenn diejenigen, die das Ende der sozialen Hängematte verkünden, sich selbst Dutzende von Hängematten knüpfen. Es ist gewiss nicht Ausdruck von Neid, wenn horrende Gehälter und Abfindungen kritisiert werden. Neid bewegt sich in einem System, das halbwegs mit der Normalität zu tun hat. Das ist bei den Verdienstverhältnissen von Politikern der Fall; bei Spitzenmanagern nicht.

Es ist gierig, wenn ein deutscher Vorstandsvorsitzender sein Geld ins Ausland schafft.

Es ist kriminell, wenn deutsche Weltunternehmen so tun, als stünden sie außerhalb des Rechts.

Es ist asozial, wenn Unternehmenspolitik nach dem Motto gemacht wird: Da gibt es erstens, zweitens, drittens uns – und dann gibt es da noch irgendwo die Gesellschaft.

Es war falsch, dass viele Politiker solchen unternehmerischen Direktiven mit Globalisierungsgebrabbel assistierten. Eliten haben sich zwar elitär geriert, sich aber zum Bedienungspersonal einer globalisierten Marktmaschinerie degradiert, die angeblich stets das verlangte, was sie gerade taten.

Elite – das sind nicht unbedingt die, die sehr viel Geld oder sehr viel Macht haben. Zur wirklichen Elite gehören im Grunde die Menschen, die sich in Bürgerinitiativen, Wohlfahrtsverbänden, in sozialen Initiativen, Vereinen, Bürgerstiftungen, beim Bund Naturschutz oder bei Greenpeace, bei Pro Asyl oder Borderline Europe, in Betriebsräten oder Mitarbeitervertretungen engagieren – an der Basis der Demokratie also. Die Zivilgesellschaft beantwortet eine Frage, die in Zeiten von anhaltend schlechten Nachrichten besonders beliebt ist: Wo bleibt eigentlich das Positive? Es gibt dieses Positive, nämlich die vielen sozialen und gesellschaftspolitischen Initiativen, die dort ansetzen, wo es der Staat oder die Kommune nicht oder nicht mehr tut: Sie machen Kultur; sie finanzieren, was der Staat nicht mehr finanziert; sie kümmern sich, viel persönlicher, als dies die beste staatliche Jobagentur kann, um Ausbildungsplätze für Jugendliche; sie leisten Hausaufgabenhilfe für ausländische Kinder; sie begleiten türkische Eltern zur Klassenversammlung; sie kriechen unter den Teppich, den Hartz IV über die neuen Armen der Gesellschaft gebreitet hat; sie tischen ihnen etwas zu essen auf; mehr als tausend Tafeln gibt es mittlerweile in Deutschland, an denen gespendete Lebensmittel serviert werden; wenn es ganz gutgeht, kümmern sich die sozialen Initiativen darum, dass die Menschen in der Armut nicht nur auskommen, sondern auch darum, dass sie aus der Armut wieder herauskommen.

Der Protest und das Internet

Das Gemeinwohl braucht Proteste wie in Gorleben: Da waren und sind seit über dreißig Jahren die Menschen in einem ganzen Landstrich vorbildlich politisch. Sie haben sich hineingearbeitet in eine hochkomplizierte Materie, ihre Freizeit geopfert und weder Gleise verbogen noch sich sonst strafbar gemacht. Kinder sind aufgewachsen mit dem Protest gegen Gorleben, der Widerstand gegen das atomare Zwischenlager und die Castor-Behälter, die dort anrollen, ist gewachsen, ist zur Volksbewegung geworden, getragen von Hausfrauen, Pfarrern, Lehrern und Bauern. Doch dieses Engagement ist nie richtig gewürdigt worden, im Gegenteil. Die Regierungspolitik hat den bürgerlichen Protest oft genug in einen Topf mit kriminellen Anschlägen geworfen. Aber dieser Widerstand war ein wertvoller Widerstand – weil er fortwährend darauf hinwies, dass die Probleme der Entsorgung von Atommüll ungeklärt sind. Der Protest von Gorleben hat die Energiewende, die neue Energiepolitik in Deutschland, mit herbeidemonstriert. Der alte Protest von Gorleben ist nun in die neue Internetzeit hineingewachsen. Die moderne Zivil- und Protestgesellschaft erhitzt und informiert sich im Internet, dort konstituiert und organisiert sie sich, dort findet sie Zuspruch, verschafft sich Expertenwissen. Sie wird diskussionsfähig und streitbar – also politisch.

Das ist nicht nur positiv, das ist wunderbar. Die Ehrenamtlichen, die Engagierten, die kundigen Demonstranten – sie sind die Unbezahlbaren dieser Gesellschaft. Sie sind die Elite. Sie sorgen dafür, dass aus Demokratie nicht Dekadenz wird. Die Zivilgesellschaft erstreckt sich über ein breites Spektrum, viel breiter, als es die Volksparteien in ihren besten Zeiten hatten. Sie reicht von Attac bis zur Milliardärsstiftung. Ihre Arbeit ist Wertschöpfung für das Gemeinwohl. Die These vom galoppierenden Hedonismus der Gesellschaft stimmt nicht; sie beschreibt jedenfalls nur einen Teil der Wirklichkeit. Es gibt eine starke Gegenbewegung, es gibt eine Renaissance dessen, was man früher Ehrenamt nannte, es gibt eine neue

Kultur der Stiftungen. Das ist das Positive. Aber das private Engagement der Bürger ist kein Ersatz für den Sozialstaat. Die Arbeit von Bürgerstiftungen, Vereinen, Bürgerinitiativen und Tafeln kann nur eine Ergänzung des Sozialstaats sein. Der Staat hat seine Pflicht zu erfüllen, privates Engagement ist die Kür. Das Gemeinwohl braucht den Sozialstaat – und es braucht die privaten Kümmerer und die Stiftungen und Vereine, die dieses Kümmern organisieren und begleiten.

Das alles ist demokratische Arbeit.

Das alles ist: miteinander Zukunft gestalten.

Das ist mehr Demokratie, und das verlangt nach mehr Demokratie. Die Bürger durften und dürfen auf Bundesebene zwar alle paar Jahre wählen; abstimmen aber durften sie nie. Das ist ein Verfassungsverstoß durch Unterlassen. »Alle Staatsgewalt geht vom Volke aus. Sie wird vom Volke in Wahlen und Abstimmungen (...) ausgeübt«, heißt es in Artikel 20 Absatz 2 des Grundgesetzes. Die Ausübung der Staatsgewalt durch »Wahlen und Abstimmungen« ist ein Grundsatz, der dem Grundgesetz so wichtig war und ist, dass es ihn (so wie die Unantastbarkeit der Menschenwürde) für unabänderlich erklärt hat: Die Forderung nach Plebisziten auf Bundesebene ist daher nicht eine Keckheit der Bürgergesellschaft, sondern ein bisher unerfülltes, aber unabänderbares zentrales Verfassungsgebot. Es ist Zeit für Volksabstimmungen. Der Souverän pocht auf sein Recht. Er soll nicht betteln müssen, dass ihm das gegeben wird, was ihm zusteht: bürgernahe Demokratie.

Die Politik hat diese Abstimmungen, die im Grundgesetz angesprochen werden, jahrzehntelang überlesen, der Gesetzgeber hat sie überblättert. Und die Wissenschaft hat so getan, als sei dieser Grundsatz ein Lapsus der Mütter und Väter des Grundgesetzes. Die Staatsrechtler brachten die irrwitzigsten Auslegungsmethoden in Stellung, um nachzuweisen, dass diese Stelle so auszulegen sei, dass sie keinen Anwendungsbereich und keinen Sinn hat. Kurz: Man hat sich das Wort »Abstimmungen« aus dem Grundgesetz einfach weggedacht. Mainstream-Politik und -Wissenschaft taten so, als stünde im Artikel 20 Absatz 2 nur etwas von Wahlen. Aber da steht mehr. Auf die Fundamentalnorm »Alle Staatsgewalt geht vom Volke aus« folgt eine zweite Fundamentalnorm: Die Staatsgewalt »wird vom Volke in Wahlen und Abstimmungen ausgeübt«. Dieses Wort »Abstimmungen« ist seit mehr als sechzig Jahren, als sei es hoch gefährlich, weggesperrt und in Sicherungsverwahrung gehalten worden. Die Bürger durften auf Bundesebene zwar alle paar Jahre wählen; abstimmen aber durften sie nie.

Der Gesetzgeber hat sich der einen Hälfte dieser Fundamentalnorm bisher verweigert. Er hat zwar ein

Wahlgesetz geschaffen, in dem er die Regularien für die Bundestagswahl regelt. Ein entsprechendes Gesetz, in dem die Regularien für Volksabstimmungen geregelt werden, fehlt. Jahrzehntelang ist behauptet worden, dass man erst das Grundgesetz ändern müsse. Das ist eine sonderbare Behauptung. Warum soll man das Grundgesetz ändern, um etwas hineinzuschreiben, was dort schon ausdrücklich steht? Man braucht also für ein Plebiszit auf Bundesebene keine Verfassungsänderung mit Zweidrittelmehrheit, sondern nur ein Ausführungsgesetz – so wie beim Wahlrecht auch.

Der Mythos von der Notwendigkeit einer Verfassungsänderung ist der letzte falsche Mythos, der dem Plebiszit auf Bundesebene noch im Wege steht. Alle anderen Mythen sind schon als falsch entlarvt worden. Zuvorderst steht die Behauptung, die Weimarer Republik sei an den Volksabstimmungen gescheitert. Das ist ein verfassungspolitisches Märchen. Es gab damals überhaupt nur drei Volksbegehren, und die scheiterten schon im Vorfeld an den Quoren. Volksabstimmungen auf Bundesebene stand schon bisher nichts im Weg – nur der Zeitgeist, der so tat, als gebe es eine ungeschriebene Supernorm, die das rein repräsentative Prinzip für absolut und verbindlich erklärt. Eine solche Norm stünde aber im Widerspruch zu allen Länderverfassungen; sie alle kennen das Plebiszit. Der Zeitgeist hat sich gedreht: Er drängt auf die Erfüllung des Verfassungsgebots, auch Abstimmungen zu ermöglichen. Es ist Zeit für Volksabstimmungen – ob zu Europa oder zu anderen elementaren Fragen.

Der Souverän pocht auf sein Recht

Die bürgernahe Demokratie erscheint der klassischen Politik freilich als neues Gespenst, das umgeht in Europa. Es ist angeblich ein besonders unkalkulierbares Gespenst, es hat vielerlei Gestalten und Absichten. In Bayern ist es ein wirtshausstürmendes Gespenst: Es ärgert die CSU, treibt die Raucher auf die Straße und bläst den Qualm aus Kneipen und Schankstuben. In Irland singt das Gespenst die Nationalhymne, es zerknüllt mit großer Geste den EU-Vertrag, wirft ihn in den Papierkorb, bleibt aber wankelmütig: Nach einiger Zeit holt es ihn wieder heraus und streicht ihn sorgsam glatt. In der Schweiz führt sich das Gespenst auf wie der biblische Samson, der einst blindwütig den Tempel der Philister zum Einsturz brachte. Es wirft dort Minarette um, es ist ein religionsfreiheitsfeindliches Gespenst. Es wendet sich auch gegen Einwanderung und ist also ein ausländerfeindliches Gespenst. Der Aktionsradius des Gespenstes reicht von den Minaretten bis zu den Zigaretten.

Dieses neue Gespenst ist daher auch nicht so leicht einzuordnen wie einst das Gespenst des Kommunismus. Das war damals links, es war proletarisch, und es wollte den Kapitalismus stürzen. Das neue Gespenst aber ist mal links und mal rechts, es ist einmal konstruktiv und ein andermal destruktiv, es ist abwechselnd progressiv, konservativ oder gar reaktionär. Manchmal ist es ein guter Hirte, kümmert sich um neue Kindergärten und Umgehungsstraßen und um den Umweltschutz; es schreibt ihn sogar, wie einst in der Schweiz, mit Sorgfalt und großen Buchstaben in die Verfassung. Ein andermal aber rüttelt es an den Grundfesten dieser Verfassung, weil es im Namen der Mehrheit eine Minderheit kujoniert und sie der Rechte beraubt, die diese braucht, um als Minderheit in der Mehrheit leben zu können. In einem solchen Fall macht das Gespenst – angeblich im Namen der Demokratie – den Rechtsstaat zuschanden. Das neue Gespenst in Europa heißt direkte Demokratie. Manche nennen es Plebiszit, Volksabstimmung, Volksbegehren und Volksentscheid. Die einen sehen darin »mehr Demokratie«, die anderen eine Gefahr für den Rechtsstaat. Das Gespenstische an dem neuen Gespenst: Beide Seiten haben recht.

Das Plebiszit kann, wohldosiert und sorgsam angewendet, so etwas sein wie die Erfüllung der Demokratie. Das Plebiszit kann die Demokratie aber auch zerstören, wenn es die individuellen Bürger- und Menschenrechte missachtet. Das Plebiszit kann also etwas Wunderbares sein, wenn es Ausdruck einer kollektiven Verantwortung für das Gemeinwesen ist; einer Verantwortung, die sich nicht darauf beschränkt, alle paar Jahre ein Parlament zu wählen. Das Plebiszit kann aber auch etwas Furchtbares sein, wenn sich darin nur die Egoismen addieren und die Vorurteile gegenüber Minderheiten verfestigen.

Demokratie ist mehr als blanke Statistik, mehr als eine Abstimmungsprozedur; sie ist eine Wertegemeinschaft: eine Gemeinschaft, die ihre Mitglieder achtet und schützt. Demokratische Entscheidungen sind nicht automatisch rechtsstaatliche Entscheidungen, sie stehen nicht – kraft Mehrheit – automatisch auf dem Boden der Verfassung. Das weiß jeder, der in den vergangenen Jahren in Deutschland die Gesetzgebung auf dem Gebiet der inneren Sicherheit verfolgt hat: Die Gesetze wurden mit verfassungsändernder Mehrheit beschlossen – und trotzdem dann vom Bundesverfassungsgericht korrigiert oder aufgehoben, weil sie mit den Grundrechten kollidierten. Mehrheit ist also nicht unbedingt gleichzusetzen mit Wahrheit, Richtigkeit und Verfassungsmäßigkeit. Das gilt im Parlament und auch für das Plebiszit. Eine Mehrheit beim Plebiszit hat keine höhere Dignität als eine Mehrheit im Parlament. Und ein Land ist gewiss keine beispielhafte Demokratie, wenn es per Plebiszit Menschen- und Freiheitsrechte missachtet. Es ist ein

Beispiel für missverstandene, für statistische Demokratie. Auch die plebiszitäre Demokratie braucht ein Korrektiv, ein Kontrollorgan: ein Verfassungsgericht. Die Schweiz hat keines. Es fungiert der Europäische Gerichtshof für Menschenrechte in Straßburg de facto als Verfassungsgericht.

Ein Plebiszit kann etwas Gutes sein, weil es die Bürger aufweckt, wenn es sie zum Mitmachen anregt; aber das Plebiszit ist nicht per se gut. Wenn eine Mehrheit der Bürger die Todesstrafe gutheißt, besagt das gewiss nicht, dass die Todesstrafe auch richtig ist. Und es wäre absurd zu unterstellen, dass bestimmte Menschen Rechte nur dann haben, wenn auch die Mehrheit dieser Ansicht ist. Dann hätten Beschuldigte in spektakulären Strafverfahren, dann hätten Minderheiten bald nicht mehr viele Rechte; die Unschuldsvermutung hätte wohl nicht mehr lange Bestand, und der Rassismus hätte Oberwasser. In einer Demokratie, die Recht und Verfassung missachtet, herrscht nicht der Demos, sondern die Willkür wechselnder Mehrheiten. In einer echten Demokratie regiert das Volk nicht statistisch, sondern gemeinschaftlich. Eine Demokratie, die mehr sein will als eine statistische Entität, braucht also stützende Institutionen und Hintergrundvoraussetzungen, welche die demokratischen Grundhaltungen festigen. Man muss die Demokratie nicht vor der Verfassung retten, sondern man muss sie mit der Verfassung hegen und pflegen. Demokratie und Rechtsstaat sind Partner, sie müssen Partner sein.

Nur: Wie lässt sich Demokratie in Europa, in einer Union von 500 Millionen Bürgern, verwirklichen? Am besten so, dass man couragiert damit anfängt. Mehr Europa gibt es nur mit mehr Demokratie, mit mehr Demokratie in Europa. Mehr Europa gibt es nur, wenn man die Bürger fragt. Wer eine lebendige Demokratie will, darf an den alten Bequemlichkeiten nicht festhalten. Man darf, man muss im siebten Jahrzehnt der demokratischen Bundesrepublik an den Menschen glauben. Man darf das Adenauersche Misstrauen endlich ablegen. Als sich der große Christdemokrat Konrad Adenauer und der große Sozialdemokrat Carlo Schmid am 1. September 1949 kennenlernten, beschloss Adenauer das Gespräch so: »Was uns beide unterscheidet, ist nicht nur das Alter, es ist noch etwas anderes: Sie glauben an den Menschen, ich glaube nicht an ihn und habe noch nie an ihn geglaubt.« Noch nach Jahren hat Adenauer Carlo Schmid bei Empfängen in eine Ecke gezogen und gefragt: »Glauben Sie immer noch an den Menschen?« Vielleicht wäre Adenauer heute, bald siebzig Jahre später, nicht mehr so skeptisch wie damals. Dennoch prägt die Adenauersche Skepsis immer noch den Blick auf die neuen, apo-artigen Bürgerbewegungen, auf neue Parteien; sie prägt den politischen Blick auf die Demonstrationen gegen Großprojekte, sie prägt den Blick der Regierenden auf die Volksbegehren gegen das Rauchen und die Schulreformen. Ruhe ist erste Bürgerpflicht. Die einzige Unruhe, die den Bürger zu erfassen hat, ist – so die offizielle Sicht – diejenige, die ihn am Wahltag zum Wahllokal treibt. Anschließend hat er wieder ruhig zu werden und alles Weitere den Gewählten zu überlassen, bis zum nächsten Wahltag.

Die gängige deutsche Politikbetrachtung kennt also zwei Sorten von Politik: Die eine, die echte Politik, die repräsentative, läuft planmäßig in den Geleisen. Die andere Politik gilt als unecht; sie ist eine angeblich entgleiste Politik – es ist die, die der Bürger selbst, protestierend oder volksabstimmend, zwischen den Wahltagen macht.

Ruhe kann aber nicht mehr erste Bürgerpflicht sein. Kennzeichen einer gelebten Demokratie ist nun einmal produktive Unruhe. Die moderne Zivil- und Protestgesellschaft informiert und organisiert sich im Internet, sie wird diskussionsfähig und streitbar – also politisch. Sie macht aber dann die Erfahrung, dass sie an Grenzen stößt, dass sie über ihre Kreise nicht hinaus dringt. Sie trifft auf die klassisch repräsentative Politik, die ihr wenig Gehör schenkt und ihr keinen Zutritt gewährt.

Veredelung der Demokratie

Die klassische Politik des Parteienstaats ist ein geschlossenes System – die Schlichtung zu Stuttgart 21 unter Leitung von Heiner Geißler beispielsweise war ein erster Versuch, dieses System zu öffnen. Eine solche Schlichtung war ein Experiment schon deshalb, weil eine Schlichtung in den Gesetzen, die vom Bau von Großprojekten handeln, nicht vorgesehen ist. Auch im Grundgesetz gibt es keine Schlichtung; es gibt dort noch nicht einmal Bürger. Es gibt dort nur das »Volk«, die »Deutschen« oder Subjekte namens »jeder« oder »jedermann«. Bürger ist der Bürger nach herkömmlichem Verständnis vor allem im Bürgerlichen Recht, also dort, wo er, geregelt vom BGB, dem Bürgerlichen Gesetzbuch, mit seinesgleichen umgeht, Verträge schließt und Geschäfte macht; im Bürgerlichen Recht sind Schlichtungen auch gang und gäbe. Ansonsten ist der Bürger »Staatsbürger«. Im gesamten öffentlichen Recht, dort also, wo der Staat agiert, gibt es den »Bürger« nur ausnahmsweise; es gibt stattdessen Wähler, Betroffene, Beteiligte und Dritte, es gibt Eigentümer, Entschädigungsberechtigte und Entschädigungspflichtige. Und in den meisten Lehrbüchern des Staats- und Verfassungsrechts ist es ähnlich: In den älteren Auflagen findet sich der Bürger nicht einmal im Stichwortverzeichnis; in den mittleren Auflagen findet man ihn als Kollektiv, nämlich als »Bürgerinitiative«. In die neueren Auflagen ist der Bürger dann endlich eingewandert, wohl deshalb, weil das Bundesverfassungsgericht immer öfter vom »Recht des Bürgers« spricht.

Man mag sich die repräsentative Demokratie in Deutschland als einen Apfelbaum vorstellen: jahrzehntealt, eigentlich ganz gut gewachsen, knorrig, aber da und dort verdorrt – und krankheitsanfällig; nicht mehr jeder ist mit der Fruchtqualität zufrieden. Beim Apfelbaum überlegt der Obstgärtner dann, ob und wie er ihn verbessern kann: Er pfropft dem alten Baum neue Zweige auf, »Edelreiser« nennt er sie. Wenn er das ordentlich macht, trägt der Baum ein paar Jahre später ganz neue Früchte, die Ernte wird besser. Idealiter funktionieren Schlichtung, Mediation und Bürgerentscheid auch so: als neue Zweige, als »Umveredelung« der repräsentativen Demokratie. Es gibt das Umveredelungsrezept schon im Grundgesetz, an prominenter Stelle: »Abstimmungen« – das Plebiszit, die direkte Demokratie als Edelreiser der repräsentativen Demokratie.

Die Verfassung muss, die Verfassungen und ihre Grundrechte müssen dafür sorgen, dass Deutschland Heimat bleibt und Europa Heimat wird für die Menschen, die darin wohnen, für die Altbürger und für die Neubürger. Das nennt man Integration und das ist das Gegenteil von Ausgrenzung. In einer Einwanderungsgesellschaft bedeutet Integration, Demokratie lernen, weil Integration nichts anderes als ein Miteinander bedeutet. Politiker, die gegen Integration arbeiten, Bücher, die gegen Integration schreiben, Religionen, die gegen Integration predigen – sie sind demokratiefeindlich. Heimat ist ein Land dann, wenn die Menschen Rechte haben und sich auf diese Rechte verlassen können.

Seit dem Jahr 2000 ist in Deutschland immer wieder heftig über eine »Leitkultur« gestritten worden. Anfangs wurde die Debatte auf einem so niedrigen Niveau geführt, dass man beinah draufgetreten wäre. Das hat sich im Lauf der Debatte gebessert; sie erreichte Kopfhöhe und die Erkenntnis, dass Leitkultur nichts zu tun hat mit Heimatabend, Sauerkraut, nationalen Überlegenheitsgefühlen oder Deutschtümeleien. Leitkultur ist eine Kultur des Zusammenlebens: Leitkultur ist Demokratie und Rechtsstaat, Leitkultur sind die Grundrechte. Das ist das europäische Deutschland. Es soll den Alt- und den Neubürgern Heimat sein.

Heimat ist Sicherheit. Grundrechte geben Sicherheit. Den Menschen, die in Nationalstaaten aufgewachsen sind, muss Europa zweite Heimat werden. Wie? Die Grundrechte in Europa müssen so stark sein, dass sie die Menschen stark machen können und zu dem, was sie sein sollen: Bürgerinnen und Bürger.